Übung
mixt den
Meister

So werdet ihr zu
Profis für den Thermomix®

Sophia Handschuh

QUICKUBE

Vielen Dank an meine bezaubernden Eltern und meinen wundervollen Partner Jesse, die mich immer unterstützt haben und mir ermöglicht haben, meine Träume zu verfolgen.

Text © Sophia Handschuh
Design © Sophia Handschuh und Jesse Sutton-Jones
Textdesign und Schriftsatz von Anna Green über siulendesign.com
Fotografien © Sophia Handschuh
Übersetzung aus dem Englischen von Maria Pape

Impressum

Herausgeber
falkemedia GmbH & Co. KG
K. A. Goukassian (V. i. S. d. P.)

2017 by falkemedia
Alle Rechte vorbehalten.

ISBN 978-3-942983-35-8

Aus der mein ZauberTopf-Redaktion

Hinweis: Bei Thermomix® und TM5® handelt es sich um eingetragene Marken von Vorwerk. Es bestehen keine geschäftlichen Beziehungen zu Vorwerk.

Deutsche Fassung
Vivien Koitka (Redaktion), Lisza Lange (Grafik), Jenifer Wohlers (Redaktion), Maria Pape (Übersetzung)

Lektorat
Schlussblick

Verlag
falkemedia GmbH & Co. KG
An der Halle 400 #1, 24143 Kiel
Fon (0431) 200 766-00
Fax (0431) 200 766-50
HRA 8785 Amtsgericht Kiel
www.falkemedia.de
www.zaubertopf.de

Druck
Impress media GmbH
www.impress-media.de
1. deutsche Auflage November 2017

Inhalt

Übung mixt den Meister

Vorwort

Aller Anfang ist schwer

Ich erinnere mich noch genau an den Tag, an dem ich meinen Thermomix® bekam. Nachdem ich mich durch alle Einstellungen durchprobiert hatte, fand ich schließlich heraus, wie man Brotteig knetet, und seitdem möchte ich ihn nie wieder hergeben. Es gab am Anfang jede Menge pürierte Zwiebeln, platten Eischnee und Teig, der nach allem anderen als nach einem zukünftigen Brotlaib aussah. Alles, was ich sagen kann, ist, dass Übung den Meister macht, oder, wie es der Titel des Buches sagt: „Übung mixt den Meister". Wenn ihr euren Thermomix® benutzt, werdet ihr ziemlich sicher jeden Tag einen neuen Trick lernen. Und ist es nicht ein unheimlich befriedigendes Gefühl, wenn man in der Küche immer effizienter wird? Angefangen bei Rohkost bis hin zum Backen findet ihr in diesem Buch die besten Tipps für die Zubereitung eurer Mahlzeiten im Thermomix®.

Damit ihr richtige Küchen-Profis werden könnt, habe ich euch die einfachsten Tricks und bewährtesten Methoden zur Verwendung des Thermomix® zusammengestellt. Nie wieder pürierte Zwiebeln und klumpige Buttercreme. Durch dieses Buch werdet ihr zweimal nachdenken, bevor ihr anfangt zu mixen. Übung ist der wichtigste Schritt auf dem Weg zum Küchen-Profi und ihr werdet hier viele köstliche Rezepte finden, die euch auf eurer Reise in die Welt des Kochens nicht nur viel Spaß machen, sondern auch zu mehr Effizienz in der Küche führen werden. Der beste Rat, den ich euch geben kann, ist, immer wieder Neues auszuprobieren – das Schlimmste, was dabei herauskommen kann, ist ein Smoothie. Also übt und mixt euch zum Meister. Ich wünsche euch viel Spaß mit diesem Buch und hoffe, dass ihr euren Thermomix® in Zukunft genauso häufig nutzen werdet wie ich meinen.

Meine Küchen-Story

Effizienz in der Küche ist der Schlüssel zu einem glücklichen Leben

Ich werde häufig gefragt, wie ich alles unter einen Hut bekomme: das Kochen und Backen, die Organisation, die Reinigung und alle anderen Aufgaben, die erledigt werden müssen. Als ich klein war, hat mir meine Mutter eine sehr wichtige Lektion beigebracht: Niemals zu viele Dinge auf einmal anfangen! Ich wurde so effizient in der Küche, weil ich diesem Prinzip in allen Lebensbereichen folge. Wenn man einen klaren Kopf hat und sich auf eine Aufgabe konzentrieren kann, ist man in der Lage, viel bessere Entscheidungen in der Küche zu treffen. Eine vorbereitende Planung ist der Schlüssel dazu. Auf die Planung von Mahlzeiten werde ich noch später im Buch eingehen. Meine Omi war ein richtiger Küchen-Profi. Sie hat jeden Tag alle Mahlzeiten für die gesamte Familie organisiert. Wir hatten unser Geschäft im Haus, sodass zur Mittagszeit alle zusammenkamen. Irgendwie hat sie es immer geschafft, aus praktisch nichts ein 3-Gänge-Menü zu zaubern. Sie erzählte mir, dass ihr bester Freund der Gefrierschrank sei. Sie nutzte alle Jahreszeiten und fror alles ein, was gerade Saison hatte, um es auch später noch verwenden zu können. Wenn ihr also in der glücklichen Lage seid, in der Nähe eines schönen Wochenmarktes zu wohnen, kauft euer Gemüse saisonal und friert es portionsweise und geschnitten ein. Ihr spart euch dadurch viel Zeit und Mühe und könnt jede Saison optimal nutzen.

In meiner kleinen Küche in London, die gefühlt die Größe eines Schuhkartons hat, bin ich sehr dankbar für meinen Kühl- und Gefrierschrank. Ich besitze nicht den Luxus eines großen Landhauses mit raumgroßen Gefrierschränken. Also habe ich gelernt, sehr effizient zu sein, indem ich meinen Thermomix® und meinen Gefrierschrank so verwende, dass ich das Beste aus dem Raum mache, der mir zur Verfügung steht. Der Schlüssel zu mehr Effizienz in der Küche liegt meiner Meinung nach in der Organisation der Mahlzeiten. Mein Gefrierschrank ist immer voll mit Mahlzeiten, die ich vorgekocht habe und die ich herausholen kann, wenn abends mal wenig Zeit zum Kochen ist. Mein Standardrezept für Tage, an denen es schnell gehen muss, ist Chorizo-Bolognese (S. 112), die einen besonderen Platz in unserem Gefrierschrank hat. Da ich mit Begeisterung backe, bereite ich auch ein paar Ziehteige vor, um sonntags frische Croissants machen zu können. Blätter- und Plunderteig eignen sich zum Beispiel sehr gut zum Einfrieren und man kann immer schnell etwas Frisches zubereiten, ohne dafür stundenlang in der Küche stehen zu müssen.

Ich benutze meinen Thermomix®, um einen Vorrat an Tomatensoße (S. 49) zu kochen, köstliches Ghee (S. 44) für meine Currys zuzubereiten, Currypasten vorzukochen (S. 52) und ein wenig Eiscreme für ein schnelles Dessert einzufrieren (S. 70). Das lässt sich alles fix zubereiten und ist so praktisch, wenn man es auf Vorrat hat. Man spart Geld und anders als bei gekauften Fertigprodukten weiß man, was drinsteckt. Keine Zusatzstoffe, keine Konservierungsstoffe, nur köstliche Zutaten. Als bekennende Allesesserin denke ich, dass man alles in Maßen essen sollte. Daher enthält dieses Buch ein bisschen von allem und einige meiner Lieblingsrezepte aus der indischen, mediterranen, südostasiatischen und karibischen Küche. Man sollte essen, womit man sich wohlfühlt. In meinem Buch berücksichtige ich alle Ernährungsweisen und -philosophien sowie Lebensmittelallergien, damit jeder in den Genuss des effizienten Kochens mit dem Thermomix® kommen kann.

Gestaltung des Buches

Dieses Buch soll euch dabei helfen, mit dem Thermomix® zum Küchen-Profi zu werden. Ihr werdet ein paar Basics lernen, solltet ihr gerade erst einen Thermomix® gekauft haben, und erfahrt, wie ihr euren Thermomix® noch besser einsetzen könnt, wenn ihr ihn schon etwas länger besitzt. Es gibt immer neue Dinge, die man lernen kann, und ein paar Tricks, an die ihr – egal wie routiniert ihr schon seid – vielleicht noch nicht gedacht habt.

Das Buch enthält die besten Tipps zur Planung von Mahlzeiten und zeigt, wie ihr am Sonntagabend effizient für die Woche vorkochen könnt. Es beinhaltet außerdem einen Plan, mit dem ihr in sieben Tagen zum Thermomix®-Profi werden könnt, falls ihr das Gefühl habt, euren Thermomix® noch nicht optimal zu nutzen. In jedem Kapitel befindet sich eine Zusammenfassung zu einer der Hauptfunktionen des Thermomix® und ein Leitfaden zum Zerkleinern, Vermischen, Backen, Mahlen usw. Ihr findet hier zudem Geheimtipps und einen Sonderabschnitt zu einem der Zubehörteile des Thermomix®. Alle Rezepte können mit dem TM5® und auch mit dem TM31 zubereitet werden.

12-Funktionen-Uhr

Als ich darüber nachgedacht habe, wie ihr euch in diesem Buch am besten orientieren könnt, kam mir die Idee zur 12-Funktionen-Uhr. Die Symbole stehen jeweils für eine der zwölf Funktionen des Thermomix®, sodass ihr damit einen schnelleren Überblick über die Rezepte erhaltet. Der Thermomix® stellt durch die Kombination so vieler verschiedener Funktionen eine einzigartige Küchenmaschine dar und ihr werdet in diesem Buch lernen, wie und wann ihr welche Funktion verwendet. Die Uhrensymbole erscheinen in jedem Rezept, sodass sie euch beim Lernprozess begleiten und euch genau anzeigen, wann welche Funktion benutzt wird.

Verwendete Abkürzungen

E	Einfrierbar
FRZ	Frei von raffiniertem Zucker
GF	Glutenfrei
LF	Laktosefrei
V	Vegan

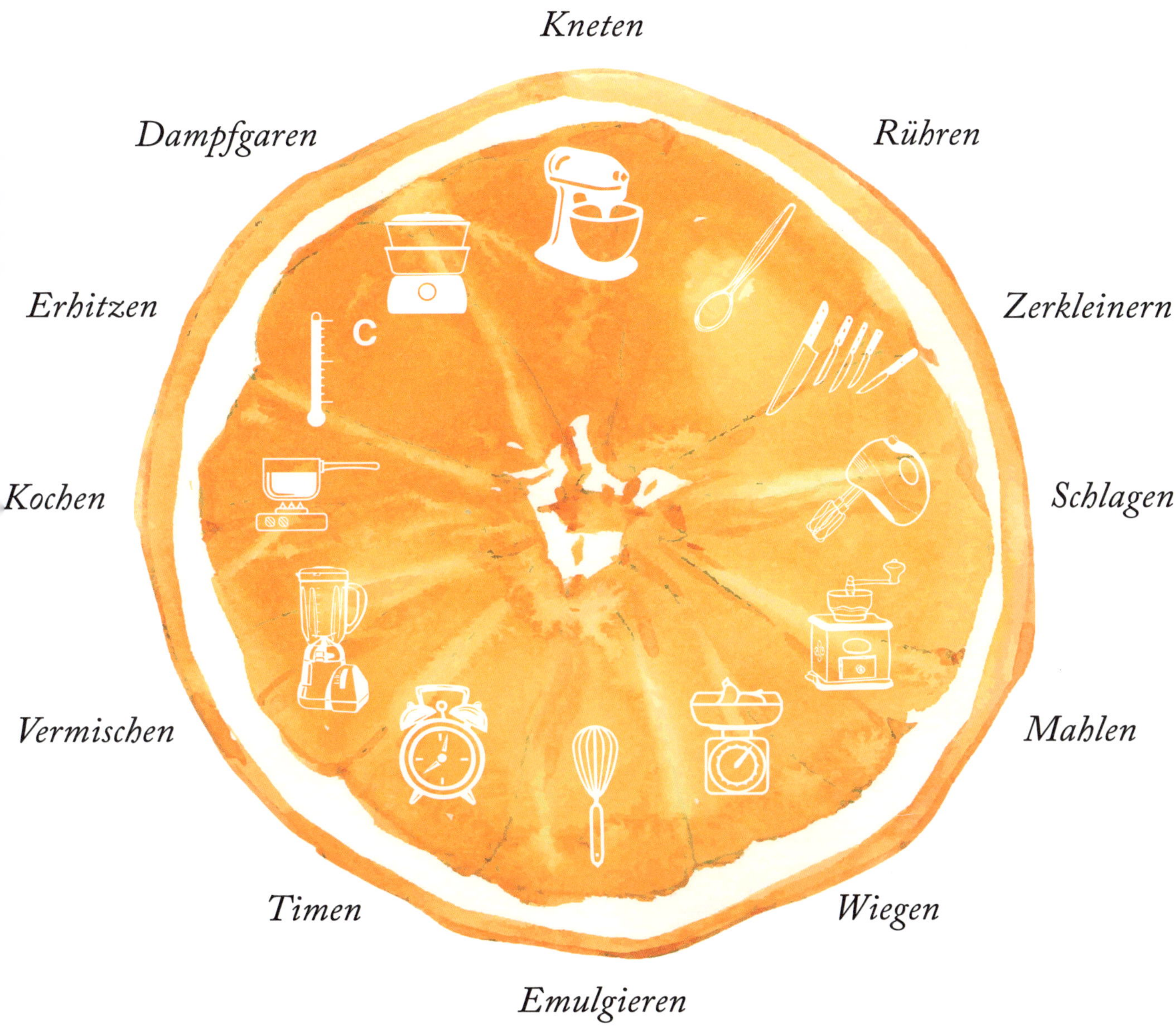
Kneten
Rühren
Zerkleinern
Schlagen
Mahlen
Wiegen
Emulgieren
Timen
Vermischen
Kochen
Erhitzen
C
Dampfgaren

Wochenplanung der Mahlzeiten

Das Vorkochen eurer Mahlzeiten ist der Schlüssel zu einer stressfreien Woche. Sonntagabend ist dafür der ideale Zeitpunkt und es garantiert euch, dass ihr, egal wie müde ihr in der Woche seid, immer etwas Essen im Kühlschrank habt, das ihr schnell zubereiten könnt. Kocht sonntags Gemüse, Reis, Getreide, Kartoffeln, Hülsenfrüchte und Nudeln vor und bereitet ein paar Dips, Salatdressings und Brot zu. In diesem Abschnitt zeige ich euch, wie ihr einen Wochenplan aufstellt, wie wichtig eine Einkaufsliste ist und ich gebe euch eine Anleitung für das Vorkochen am Sonntagabend.

Der Wochenplan

In der Regel mache ich es mir freitagnachmittags mit einer Tasse Tee gemütlich und stelle meinen Wochenplan auf. Ich schreibe diesen Termin in meinen Kalender, als wenn ich ein Date mit meinem Freund hätte. Wenn ihr euren Wochenplan aufstellt, denkt daran, alle Mahlzeiten der Woche zu berücksichtigen, also Frühstück, Mittagessen, Snacks, Abendessen und alles, was ihr in der Woche backen möchtet. Ihr könnt die Mahlzeiten so planen, dass ihr die Reste des Vortags am nächsten Tag wiederverwendet.

Bei der Aufstellung eures Wochenplans beginnt ihr damit, alle Abendessen mit Gemüse, Fleisch/Fisch/Bohnen, Reis/Getreide/Kartoffeln/Hülsenfrüchten/Nudeln und einer Soße aufzulisten. Dann überlegt ihr euch die Mittagessen und berücksichtigt dabei die Reste des Vorabends. Denkt an ein Mittagessen für Montag, da ihr dann noch keine Reste haben werdet. Zum Schluss plant ihr ein paar Snacks und das Frühstück für die Woche. Overnight Oats (S. 62) sind ein großartiges, reichhaltiges Frühstück.

Die Einkaufsliste

Wenn ihr mit eurem Wochenplan fertig seid, schreibt ihr eure Einkaufsliste. Seitdem ich angefangen habe, einen Wochenplan aufzustellen und mit einer Liste einkaufen zu gehen, habe ich so viel Geld gespart und konnte meine Nahrungsmittelabfälle deutlich reduzieren. Denkt daran, niemals hungrig einkaufen zu gehen! Es ist fatal für euren Geldbeutel und es landen Dinge in eurem Einkaufskorb, die ihr nie zuvor gebraucht habt. Geht euren Wochenplan Tag für Tag durch, um die Einkaufsliste zu erstellen. Lest jedes Rezept und überlegt euch, was genau ihr dafür braucht, und schreibt es auf. Ich gehe immer am Samstagvormittag einkaufen, damit ich für Sonntagabend alles bereithabe und mein Wochenende genießen kann.

Vorkochen am Sonntagabend

Am Sonntagabend könnt ihr nach einem schönen Wochenende anfangen, für die Woche vorzukochen. Das ist der letzte Schritt zu einer effizienten Wochenplanung. Wenn ihr Kinder habt, bezieht sie mit ein, damit sie etwas über die Vorbereitung von Mahlzeiten und das Kochen lernen und ihr einfach etwas Spaß zusammen habt. Beginnt damit, euer Gemüse (bis auf das grüne Gemüse) im Varoma zu dämpfen. Dafür benötigt ihr eventuell mehrere Durchläufe. Parallel könnt ihr Reis/Getreide/Kartoffeln/Hülsenfrüchte im Gareinsatz kochen. Für die Zubereitung dieser Zutaten findet ihr auf S. 89 eine Anleitung. Ihr könnt auch das Fleisch für die Woche im Varoma/Gareinsatz vorkochen und es dann portionsweise einfrieren. Suppen, Eintöpfe und Soßen könnt ihr in größeren Mengen kochen und in Einzelportionen einfrieren. Backt euch ein leckeres Mohnbrot (S. 130) und bereitet ein paar Dips und Dressings vor. Für das Frühstück könnt ihr Eier für 15 Minuten im Gareinsatz kochen, dann abschrecken und im Kühlschrank bis zu sieben Tage lagern. Overnight Oats könnt ihr alle drei Tage zubereiten und dann ebenfalls im Kühlschrank lagern.

Vorkochen am Sonntagabend

Das Vorkochen am Sonntagabend kann sehr effizient gestaltet werden, sodass ihr nicht den ganzen Sonntag mit der Zubereitung der Mahlzeiten für die Woche verbringen müsst. Bezieht eure Kinder oder euren Partner mit ein und legt los. Auf diesen Seiten findet ihr einen Beispiel-Wochenplan und eine Checkliste für das Vorkochen am Sonntagabend, sodass ihr für den Anfang eine gute Anleitung habt.

Der folgende Beispiel-Wochenplan enthält sowohl gesunde Mahlzeiten als auch kleine Kaloriensünden sowie Snacks und das Frühstück für die Woche. Die Reste vom Abendessen werden hier für das Mittagessen am Folgetag berücksichtigt. Der Beispiel-Plan hilft euch dabei, euren eigenen Wochenplan aufzustellen. Ihr findet die meisten Rezepte daraus in diesem Buch. Orientiert euch bei euren Wochenplänen am Aufbau des Beispiel-Plans. Denkt daran, auch einen Tag einzuplanen, an dem ihr mit Freunden oder eurem Partner essen geht. Ab und zu verdient ihr auch mal eine Pause.

	Frühstück	*Mittagessen*	*Snacks/Gebäck*	*Abendessen*
M	Overnight Oats mit Himbeeren (S. 62)	Detox-Salat (S. 76)	Rote-Bete-Bällchen (S. 66)	Chorizo-Bolognese (S. 112)
D	Overnight Oats mit Schokolade (S. 62)	Ofenkartoffel mit Bolognese	Parmesan-Rosmarin-Shortbread (S. 142)	Lieblingspizza (S. 140)
M	Avocadotoast mit Ei (S. 98)	Mini-Pizza mit Salat	Frozen Yogurt (S. 70)	Hähnchenkeulen (S. 110)
D	Mohnbrot (S. 130) mit Notella (S. 28)	Hähnchensalat	Blaubeer-Cookies (S. 146)	Kokos-Linsen-Dal (S. 104) mit Pitabrot (S. 136)
F	Key-Lime-Smoothie (S. 68)	Kokos-Linsen-Dal mit Reis (S. 104)	Geröstete Nüsse (S. 36)	Rote-Bete-Burger (S. 103)
S	Scones mit Beeren (S. 145) und Himbeercreme (S. 33)	Rote-Bete-Crumble mit Rucolasalat	Karamell-Fudge mit Meersalz (S. 34)	Rinderbraten (S. 114) mit Selleriepüree (S. 115)
S	Quinoa-Chia-Brot (S. 134) mit selbst gemachtem Ricotta (S. 41)	Sandwiches mit Rindfleisch	Mini-Victoria-Sponge-Cakes (S. 148)	Thai-Suppe mit Garnelen (S. 109)

Checkliste für das Vorkochen am Sonntagabend

- Fleisch kochen/portionsweise einfrieren
- Reis/Getreide/Kartoffeln/ Hülsenfrüchte/Nudeln kochen
- Eier kochen
- Snacks vorbereiten
- Salatdressings anrühren
- Dips zubereiten
- Frühstück vorbereiten
- Brot backen
- Gemüse dämpfen

Thermomix®-Profi-Challenge

Es fällt euch schwer, den Thermomix® in eure tägliche Kochroutine einzubinden, und der Gedanke daran hört sich für euch abschreckend und nach viel Aufwand an? Dann solltet ihr diesem 7-Tage-Plan mit dem Ziel, ein Thermomix®-Profi zu werden, eine Chance geben. Ihr werdet hier jeden Tag dazu ermutigt, ein paar Funktionen auszuprobieren, und kommt so Schritt für Schritt näher an das Ziel, ein Küchen-Profi zu werden. Es ist gar nicht so schwer! Probiert einfach vieles aus, benutzt den Thermomix® jeden Tag und habt keine Angst davor, etwas falsch zu machen.

Tag 1:

Wir beginnen mit ein paar sehr simplen, aber dennoch lohnenden Aufgaben. Das Mixmesser des Thermomix® ist sehr kraftvoll, also achtet darauf, die Geschwindigkeit nicht zu hoch einzustellen, da ihr sonst am Ende vor pürierten Zwiebeln oder zerhäckseltem Salat stehen könntet. Ihr werdet heute lernen, Gemüse und Zwiebeln zu zerkleinern und daraus einen leckeren Salat zu machen. Das Rezept findet ihr auf S. 76.

Tag 2:

Das war ein guter Anfang. Ihr habt bereits das kraftvolle Mixmesser eures Thermomix® kennengelernt. Heute lernt ihr, wie ihr eine Suppe macht. Ein sehr leckeres Rezept, mit dem ihr das Vermischen und andere Funktionen des Thermomix® üben könnt, ist die köstliche Blumenkohlsuppe mit gerösteten Kichererbsen auf S. 106.

Tag 3:

Nachdem ihr nun erfolgreich eine Suppe und einen leckeren Salat zubereitet habt, machen wir uns an ein Abendessen. Wie wäre es mit einem Familienklassiker: Spaghetti bolognese. Ich bevorzuge eine kleine Abwandlung des klassischen Rezepts: Chorizo-Bolognese (S. 112). Reste der Soße könnt ihr danach einfach in Einzelportionen einfrieren.

Tag 4:

Ihr habt bereits große Fortschritte gemacht und werdet so effizient beim Kochen, dass eure Freunde schon ganz neidisch werden. Ihr wisst jetzt, wie ihr euer Lieblingsfamiliengericht zubereitet und wie ihr tolle Vorspeisen und Beilagen macht. Nehmen wir nun eines dieser berühmten All-in-one-Gerichte in Angriff. Im großartigen Rezept für Rinderbraten auf S. 114 werdet ihr Schritt für Schritt angeleitet und lernt dabei auch den Varoma kennen.

Tag 5:

Genug gekocht für diese Woche. Jetzt geht's ans Backen. Euer erster Kuchen, ein Marmorkuchen mit Streuseln, wird ein großer Erfolg. Keine Angst, er wird super lecker, schön locker und genau das, was ihr zur Feier eurer Leistung braucht. Folgt der Rezeptanleitung auf S. 151.

Tag 6:

Heute habt ihr euch etwas Einfaches verdient. Holt euch nach der harten Arbeit eure Kinder oder euren Partner mit ins Boot und lasst euch von ihnen unterstützen. Es ist Pizza-Abend und ihr lernt auf S. 140, wie ihr euren eigenen Pizzateig macht.

Tag 7:

Herzlichen Glückwunsch, ihr habt in den letzten sechs Tagen einen fantastischen Job gemacht. Ihr könnt euch also ruhig auf die Schulter klopfen. Es wird Zeit für etwas Anspruchsvolles. Eure letzte Aufgabe ist mein absoluter Favorit: Brot backen. Brot zu machen ist so leicht, folgt einfach aufmerksam den Anweisungen und denkt daran: Wenn der Teig nicht so ist, wie ihr es euch vorgestellt habt, versucht es einfach noch einmal. Ein leckeres Rezept für ein fluffiges Mohnbrot findet ihr auf S. 130.

Zutaten & Zubehör

Wenn ihr die Rezepte in diesem Buch nachkocht bzw. -backt, ist es hilfreich, wenn ihr vorher einen kurzen Blick auf die Standardzutaten werft, die ich verwende. Dadurch könnt ihr euch sicher sein, dass eure Eier die richtige Größe haben, und ihr wisst, wann eure Avocados reif sind und welches Mehl ihr verwenden solltet. Wenn ihr Probleme habt, bestimmtes Küchenzubehör zu bekommen, lohnt sich ein Blick in meinen Online-Shop – dort findet ihr den Großteil der Küchenutensilien, die ihr benötigt.

Agavendicksaft — Agavendicksaft ist ein großartiges Süßungsmittel, das ihr statt Honig oder Zucker verwenden könnt. Ich verwende es in zahlreichen Rezepten.

Avocados — Avocados eignen sich hervorragend für viele Rohkostrezepte. Ich verwende sie, um Eiscreme und Desserts zuzubereiten, und esse sie zum Frühstück. Um herauszufinden, ob eine Avocado reif ist, die Schale leicht andrücken. Wenn sie nachgibt, ist sie reif. Wenn sie sich noch sehr fest anfühlt, lasst sie noch etwas zum Nachreifen liegen.

Rote Bete — Ihr könnt Rote Bete sowohl roh als auch gekocht verwenden. Roh eignet sie sich wunderbar als Zutat für Snacks und Salate. Gekocht ist sie eine tolle Beilage. Wenn ihr Rote Bete kocht, achtet darauf, dass sie ungeschält ist, da sie sonst schnell ihre Farbe verliert.

Butter — Wenn nichts anderes angegeben ist, verwende ich in allen Rezepten ungesalzene Butter.

Chia-Samen — Chia-Samen können sehr gut als Verdickungsmittel und in Desserts verwendet werden. Sie passen auch super zum Frühstück. Hinweis: Chia-Samen quellen bei Kontakt mit Wasser auf. Ihr könnt 1 TL Chia-Samen in 3 TL Wasser einweichen, 15 Minuten warten und das entstandene Gel als Ei-Ersatz verwenden.

Crème double — Crème double wird normalerweise verwendet, um Soßen einzudicken oder um Ganache zuzubereiten. In der Schweiz wird sie auch Doppelrahm genannt.

Eier — Ich verwende in allen Koch- und Backrezepten große Eier (L). Meiner Meinung nach haben sie die ideale Größe, damit Kuchen schön locker werden.

Mehltypen — Ich verwende für alle Brote Mehl Type 550. Für alle anderen Backwaren wie Kuchen und Scones verwende ich Mehl Type 405.

Milch — In meinen Rezepten verwende ich ausschließlich Vollmilch. Sie gibt den Gerichten einen besseren und abgerundeteren Geschmack.

Nussmus — Wenn ein Rezept Nussmus enthält, könnt ihr ein Nussmus eurer Wahl verwenden. Es kann je nach Geschmack crunchy oder fein püriert sein.

Nussmilch — Ich mache meine Nussmilch selbst (S. 38), aber ihr könnt für die Rezepte in diesem Buch jede Nussmilch verwenden, die ihr mögt.

Kastenformen, 20 cm und 25 cm	Kastenformen mit einer Länge von 20 cm und 25 cm sind perfekt zum Brotbacken.
Runde Springformen, Ø 18 cm, Ø 20 cm, Ø 22 cm	Springformen sind meine Lieblingskuchenformen. Ich verwende generell unterschiedliche Größen, aber meistens benutze ich eine Springform mit einem Durchmesser von 20 cm, weil ich es liebe, Kuchen mit mehreren Schichten zu backen.
Tortenform, Ø 23 cm, glatt oder gewellt	Ich besitze zwei verschiedene Tortenformen: eine mit gewelltem und eine mit glattem Rand. Es ist egal, welche ihr benutzt, aber sie sollte am besten einen herausdrückbaren Hebeboden haben.
Gärkorb	Mit einem Gärkorb könnt ihr euer Brot perfekt in Form bringen. Ich kann die Gärkörbe von Banneton empfehlen. Vorher am besten mit Mehl ausstreuen.
Teigschaber	Ein Teigschaber ist zum Brotbacken unerlässlich. Ihr könnt ihn zum Teigschneiden oder zur späteren Reinigung der Arbeitsfläche benutzen.
Backpapier	Das Backpapier, das ich benutze, ist antihaftbeschichtet und ideal fürs Backen.
Eiswürfelformen	Eiswürfelformen eignen sich super, um Eiscreme, Gemüse-Brühwürfel und Gewürzpasten in Einzelportionen einzufrieren.
Einweckgläser	Einweckgläser gibt es in vielen verschiedenen Größen und sie eignen sich perfekt zur Aufbewahrung. Ich empfehle die Gläser der Firma Weck.
Passiertuch oder Nussmilchbeutel	Ich verwende ein Passiertuch oder einen Nussmilchbeutel, um Käse, Nussmilch und Butter abzuseihen.
Eckiges Backblech	Für die meisten meiner Rezepte benutze ich ein eckiges Backblech. Achtet einfach darauf, dass das Backblech in euren Backofen passt.
Teigrolle	Zum Ausrollen von Keksen, Scones oder anderem Gebäck ist eine Teigrolle unverzichtbar. Ich bevorzuge eine Teigrolle aus Holz, da das Mehl damit besser verteilt wird.
Quadratische Backform	Für die meisten meiner Rezepte verwende ich eine 20x20 cm große Backform. Wenn ihr eine größere habt, teilt diese mit einem Stück Alufolie, das ihr zu einer festen Rolle formt.
Varoma-Garpapier	Statt euren Varoma mit herkömmlichem Backpapier auszulegen, könnt ihr auch bereits vorgeschnittenes Varoma-Garpapier verwenden.

Leitfaden zum Einfrieren

Das große Frieren

In diesem Buch lernt ihr, wie ihr mit so wenig Aufwand wie möglich zum Thermomix®-Profi werdet. Ich weiß, wie stressig das Leben sein kann und dass es für einige von uns fast unmöglich ist, die Rolle als Mutter, den Job und eine gesunde Ernährung unter einen Hut zu bekommen und dann auch noch genug Zeit für seine Familie zu haben. Bei den meisten Rezepten gebe ich euch daher Hinweise zum Einfrieren. In diesem praktischen Leitfaden erfahrt ihr, wie ihr Lebensmittel am besten einfriert und was ihr dabei beachten solltet.

Vorbereitung

Wenn ihr Lebensmittel einfrieren wollt, achtet darauf, nur Verpackungen zu verwenden, die luft- und wasserdicht sind, damit die Qualität erhalten bleibt. Ich kennzeichne die Verpackungen für gewöhnlich mit dem Datum, an dem ich die Lebensmittel eingefroren habe, damit ich grob weiß, wann ich etwas verbrauchen sollte. In größeren Behältern frieren Lebensmittel meist zu langsam ein, also benutzt lieber kleinere Behälter oder portionsgroße Gefrierbeutel.

Dos: Gefrierdosen, Gefrierbeutel, Alufolie, Aluschalen, Frischhaltefolie (PE oder PVC), wiederverschließbare Allzweckbeutel

Don'ts: Glasgefäße, Frischkäse- oder Joghurtbehälter, Brottüten, Wachspapier

Besser nicht einfrieren

Nur weil man fast alles einfrieren kann, heißt das nicht, dass man es auch sollte. Es gibt ein paar Lebensmittel, die sich nicht zum Einfrieren eignen. Im Folgenden findet ihr eine Liste mit absoluten No-Gos. Wenn ihr keine Abstriche bei der Qualität machen wollt, friert nichts von dem Nachfolgenden ein.

Blockkäse	bröckelt und verliert den Geschmack
Pudding	wird wässrig
Gekochte Eier, gekochtes Eiweiß und rohes Eigelb	werden gummiartig, bröcklig und zähflüssig
Salat	wird wässrig und fällt zusammen
Tomaten	werden wässrig und matschig
Rohe Kartoffeln	können dunkel werden

Gut einfrierbar

Nachstehend findet ihr die besten Methoden zum Einfrieren der Lebensmittel, die ihr in diesem Buch zubereiten könnt.

Frisch gebackene/s Brot & Brötchen	Friert euer Brot oder eure Brötchen nach dem Backen einzeln in Gefrierbeuteln ein. Nach dem Auftauen 5 Minuten bei 200 °C aufbacken. Wenn ihr rohe Brötchen einfrieren möchtet, achtet darauf, dass sie keinen direkten Kontakt zueinander haben. In geforenem Zustand 20 Minuten bei 200 °C aufbacken.
Mürbeteiggebäck	Gebäck aus Mürbeteig könnt ihr einfach einfrieren, indem ihr es in Frischhaltefolie wickelt oder in einen Gefrierbeutel legt. Vor dem Servieren über Nacht im Kühlschrank oder bei Raumtemperatur auftauen lassen.
Plätzchen & Kekse	Gebackene Kekse und Plätzchen können portionsweise in Gefrierbeuteln eingefroren werden. Sie werden wieder frisch, wenn ihr sie nach dem Auftauen kurz für 5 Minuten bei 180 °C aufbackt.
Blätterteig oder Filoteig	Den Teig vor dem Einfrieren mithilfe einer Teigrolle ausrollen. Mit einem Stück Backpapier bedecken und aufrollen. In Frischhaltefolie einfrieren und vor der Weiterverarbeitung auftauen. Ihr könnt den Teig auch in einem Block einfrieren, aber dann solltet ihr ihn vor der Weiterverarbeitung im Kühlschrank auftauen.
Pizzaboden (roh)	Den Pizzaboden zu einer beliebigen Form ausrollen, die entweder auf ein Backblech oder auf ein rundes Pizzablech passt. In einen größeren Gefrierbeutel legen und einfrieren. Vor dem Belegen und Backen auftauen.
Pizza (gebacken)	Wenn ihr eine gebackene Pizza einfrieren wollt, nehmt sie 2 Minuten, bevor sie fertig gebacken ist, aus dem Ofen. In Frischhaltefolie einfrieren und in gefrorenem Zustand 15 Minuten bei 220 °C wieder aufbacken.
Geschnittene Zwiebeln	2 geschälte und halbierte Zwiebeln in den Mixtopf geben und **3 Sek. / Stufe 5** zerkleinern. In kleinen Gefrierdosen einfrieren, bis ihr sie wieder braucht. Ihr könnt euch jederzeit einzelne Portionen herausnehmen und beim Kochen einfach ein paar Minuten „Auftauzeit" mit einberechnen.
Marmelade	Marmelade könnt ihr einfrieren, wenn ihr sie vorher in eine Gefrierdose umfüllt. Nicht in Gläsern einfrieren, da diese platzen können. Vor dem Gebrauch auftauen.

Butter	Butter kann auf zwei verschiedene Arten eingefroren werden: entweder in einer Gefrierdose oder portionsweise in Frischhaltefolie gewickelt. Bei Bedarf auftauen.
Soßen, Suppen, Eintöpfe & Currys	Abgekühlte Soßen, Suppen, Eintöpfe oder Currys in Gefrierbeutel oder -dosen füllen. Es ist immer besser, sie portionsweise und nicht in großen Mengen einzufrieren, da sie so besser einfrieren. Vor dem Erhitzen auftauen.
Hackfleisch	Ein Schulterstück vom Rind oder Schwein im Mixtopf hacken (s. Anleitung auf S. 57), dann einzeln in Gefrierbeuteln einfrieren und vor der Weiterverarbeitung auftauen.
Biskuitkuchen	Gebackenen Biskuitkuchen könnt ihr einfach einfrieren, indem ihr den abgekühlten Kuchen in eine doppelte Lage Frischhaltefolie und in eine Lage Alufolie einwickelt. Vor dem Servieren etwa 4–6 Stunden auftauen lassen.
Käsekuchen	Käsekuchen am besten auf eine Keramikplatte oder auf den Boden der Springform stellen, mit der ihr den Kuchen gebacken habt, und in Frischhaltefolie einwickeln. Alle Toppings wie Früchte weglassen und den Kuchen erst nach dem Auftauen verzieren. Vor dem Servieren im Kühlschrank auftauen lassen. An heißen Tagen könnt ihr den Käsekuchen auch als Käsekucheneis servieren.
Gemüse	Gemüse in kleine Stücke schneiden und **5 Min. / Varoma / Stufe 1** im Varoma mit 900 g Wasser im Mixtopf dämpfen. Danach in den Gareinsatz geben und abschrecken, um den Kochvorgang zu beenden. Portionsweise in Gefrierbeutel füllen und einfrieren. Vor der Weiterverarbeitung auftauen.
Obst	Obst in kleine Stücke schneiden, dann portionsweise in Gefrierbeuteln einfrieren.
Gekochtes Fleisch	Gekochtes Fleisch wie Rinder- oder Schweinebraten in Scheiben schneiden. Hühnerfleisch zerkleinern. Dann in Gefrierdosen oder -beutel legen und einfrieren. Vor dem Erhitzen auftauen.

Auftauen

Es gibt verschiedene Methoden, Lebensmittel sicher aufzutauen. Wenn ihr in einem warmen Land lebt oder es draußen gerade sehr heiß ist, taut euer gefrorenes Essen über Nacht im Kühlschrank auf. Das ist die langsamste und sicherste Methode. Um euer Essen schneller aufzutauen, könnt ihr es in einen wasserdichten Beutel füllen und in warmes Wasser legen. Dann müsst ihr es aber direkt nach dem Auftauen weiterverarbeiten.

Wenn ihr euer Essen noch schneller auftauen wollt, legt es in einen mikrowellengeeigneten Behälter und taut es mit der Auftaufunktion eurer Mikrowelle auf. Alle 10 Minuten kontrollieren und aufgetaute Schichten abnehmen. Beachtet, dass ihr Essen, das ihr nicht im Kühlschrank aufgetaut habt, nicht wieder einfrieren könnt.

Haltbarkeit im Gefrierschrank

Bei richtiger Lagerung sind alle eingefrorenen Lebensmittel quasi ewig haltbar, nur verlieren sie nach einiger Zeit an Geschmack. Also denkt daran, immer zuerst die ältesten Packungen mit eurem eingefrorenen Essen zu verwenden, und haltet euch an die empfohlene Lagerdauer für gefrorene Lebensmittel.

	1 Monat	*2 Monate*	*3 Monate*	*6 Monate*	*9 Monate*	*12 Monate*
Rotes Fleisch		Geräuchertes oder gepökeltes Fleisch (z. B. Schinken, Würstchen etc.)	Gekochtes Fleisch	Gehacktes Fleisch (z. B. Hackfleisch, Burger-Patties)		Rind, Schwein, Lamm oder Kalb (z. B. Streifen, Braten und Steaks)
Geflügel		Hähnchen- oder Putenbrust	Klein geschnittenes Hühnerfleisch	Geflügelhackfleisch (z. B. Burger-Patties, Hackfleisch), gebackenes Huhn, Brathähnchen		Huhn, Pute oder Gans, ganz oder in Stücken
Meeresfrüchte			Fettfische (z. B. Lachs, Makrele)	Krustentiere (z. B. Krabbenfleisch, Hummer, Garnelen), Miesmuscheln, Venusmuscheln	Magerfische (z. B. Kabeljau, Schellfisch, Seezunge)	
Soßen, Suppen, Eintöpfe & Currys				Alle Soßen, Suppen, Eintöpfe und Currys in Einzelportionen		
Milch und Milchprodukte			Milch und Buttermilch	Eiscreme		Butter
Backwaren		Obstkuchen und Quiches	Kuchen, Käsekuchen, Brötchen, Brotlaibe, Bagels und Tortillas			Kekse und Plätzchen
Obst und Gemüse	Bananen, Weintrauben, Melone	Tofu	Beeren	Gemüse		Tempeh, Fleischersatz aus Soja

In diesem Kapitel gebe ich euch die besten Tipps und Rezepte für alltägliche Lebensmittel, die ihr normalerweise im Supermarkt kauft. Macht euch bereit für köstliches Notella und wunderbare, selbst gemachte Würzbutter.

Basics

Kochen mit dem Thermomix®

Auf die Plätze, fertig und zurück

Bevor ihr euch an die Umsetzung all der wunderbaren Tipps, Aufgaben und Rezepte in diesem Buch macht, müsst ihr euch zunächst mit der Funktionsweise des Thermomix® auseinandersetzen. Im Folgenden findet ihr die wichtigsten Regeln für den Gebrauch des Thermomix®. Sie werden euch helfen, in der Küche noch besser zu werden und jederzeit genau zu wissen, was zu tun ist.

Rückwärts denken

Wenn ihr mit einem Rezept arbeitet, das nicht an das Kochen mit dem Thermomix® angepasst wurde, ist es wichtig, hinten anzufangen. Sobald ihr rückwärts denkt, wird es euch leichterfallen, die Funktionsweise des Thermomix® zu verstehen. Schaut euch immer zuerst die Schritte im Rezept an und überlegt, wie lange jede Zutat zum Kochen braucht. Beginnt zum Beispiel mit dem Reis, setzt dann den Varoma ein und dämpft zuerst das feste und danach das weiche Gemüse und zum Schluss Fisch oder Hähnchenfleisch.

Zuerst trocken, dann nass

Trockene Zutaten solltet ihr vor dem Kochen vorbereiten, um zwischendurch nicht zu viel Zeit mit der Reinigung zu verbringen. Mahlt zum Beispiel zuerst Nüsse und Mehl, macht Puderzucker und kümmert euch erst dann wieder um die nächsten Schritte im Rezept.

Vorsicht bei der Geschwindigkeit!

Um pürierte Zwiebeln und zermatschtes Gemüse zu vermeiden, haltet euch beim Zerkleinern und Vermischen im Thermomix® an folgende Richtwerte.

- **< Stufe 5**: grob zerkleinern, Kuchenteig vermengen
- **Stufen 5–7**: fein schneiden, Käse reiben
- **Stufen 8–10**: mixen, Suppen pürieren, Gewürze mahlen, Mehl mahlen

Rezepte für den Thermomix®

Rezepte für den Thermomix® untersc-heiden sich von Standardrezepten. In jedem Rezept findet ihr Angaben zu **Zeit / Temperatur / Stufe**, sodass ihr diese direkt eingeben und loslegen könnt.

TM5® und TM31

Dieses Buch ist für den TM5® ausgelegt. Ihr könnt es aber auch problemlos für den TM31 verwenden. Achtet einfach darauf, dass ihr Rezepte eventuell aufgrund der unterschiedlichen Mixtopfgrößen anpassen müsst. Die Zubereitung von Suppen und Soßen oder das Zerkleinern einer größeren Menge an Gemüse muss im TM31 zum Beispiel eventuell in zwei Durchläufen erfolgen, da der Mixtopf hier nur 2 Liter statt 2,2 Liter wie im TM5® fasst.

Grundlagen für den Thermomix®

1 Wenn ihr Flüssigkeiten in den Mixtopf füllen wollt, könnt ihr den Messbecher einsetzen und die Flüssigkeit um ihn herum auf den Mixtopfdeckel geben, damit sie nach und nach in den Mixtopf läuft. Das ist vor allem dann hilfreich, wenn ihr zum Beispiel Zitronen auspresst und jeden Tropfen nutzen wollt oder wenn ihr Mayonnaise zubereitet und das Öl langsam dazugeben wollt. Der Messbecher sorgt dafür, dass die Flüssigkeiten nicht zu schnell in den Mixtopf laufen.

2 Wenn ihr kleine Mengen mahlen wollt, setzt den Gareinsatz ein, damit eure Zutaten wie zum Beispiel ganze Gewürze nicht überall im Mixtopf verteilt werden.

3 Benutzt den Spatel, um Teig zu portionieren. Er eignet sich perfekt dazu, Brötchen einzuschneiden und Teig von der Arbeitsfläche zu entfernen.

4 Euer Messbecher kann Flüssigkeiten bis 100 g abmessen. Die Höhe des Kragens entspricht einem Volumen von 50 g und die obere Markierung einem Volumen von 100 g. Das Fassungsvermögen des Messbechers ist beim TM5® und beim TM31 gleich.

5 Wenn ihr mit schwerem Kuchenteig, viel Gemüse und dickeren Pasten oder Dips arbeitet, setzt den Spatel durch den Deckel ein und rührt damit unterstützend um, damit ihr eine glattere Konsistenz erhaltet. Der Spatel ist so gestaltet, dass er nicht ins Mixmesser geraten kann.

6 Ihr könnt die Turbofunktion verwenden, um Teigreste vom Mixmesser zu entfernen. Die Reste werden dadurch gegen die Wand des Mixtopfs geschleudert und ihr habt wesentlich weniger Arbeit mit der Reinigung.

7 Achtet darauf, Spatel ohne Sicherheitskragen im Mixtopf im Uhrzeigersinn zu bewegen, da ihr sonst Gefahr lauft, ein paar unschöne Kerben zu bekommen. Die Bewegung im Uhrzeigersinn verhindert, dass Spatel ohne Sicherheitskragen mit der scharfen Seite des Mixmessers in Berührung kommen.

8 Wenn ihr Zutaten für später abwiegen wollt, stellt ein Schälchen auf den Mixtopfdeckel und startet dann die Wiegefunktion. Das Tara-Symbol drücken und die gewünschten Zutaten hinzufügen. Danach könnt ihr das Schälchen einfach vom Deckel nehmen und es für später beiseitestellen, ohne eure Küchenwaage zum Abwiegen der Zutaten herausholen zu müssen.

9 Wenn ihr harte Zutaten wie große Gemüsestücke schneidet, befüllt den Mixtopf nur zur Hälfte, sodass alles gleich groß zerkleinert werden kann. Wenn ihr den Mixtopf zu voll füllt, werden die Stücke unregelmäßig groß geschnitten.

10 Es gibt zwei Möglichkeiten, Gläser auszukochen. Ihr könnt sie entweder ins Spülbecken stellen und parallel dazu Wasser im Wasserkocher aufkochen. Dieses dann vorsichtig über die Gläser gießen. Die Gläser kurz abkühlen lassen, bevor ihr sie abspült. Das kann gefährlich sein, also haltet Kinder von der Spüle fern und seid vorsichtig, wenn ihr das kochende Wasser ins Spülbecken gießt. Alternativ könnt ihr die Gläser auch in den Varoma stellen. Füllt den Mixtopf mit 1000 g Wasser und setzt den Varoma ein. Für **15 Min. / Varoma / Stufe 1** kochen. Die Gläser vorsichtig mit Backhandschuhen herausnehmen und vor dem Befüllen auskühlen lassen.

V FRZ GF LF E

Notella

Es gibt eine spezielle Technik, um Nuss-Nugat-Cremes zu öffnen. Der Trick ist, die Goldfolie mit einem Messer zu durchstechen, es dann herauszuziehen und direkt einen Löffel voll von der Creme auf dem Messer zu haben. So lecker. Aber auch voller Kalorien, Zucker und Konservierungsstoffe. Da ich Nuss-Nugat-Creme schon seit meiner Kindheit mag, habe ich diese vegane Version ohne raffinierten Zucker entwickelt. Die Zubereitung unterscheidet sich nur leicht von der Herstellung von Nussmus. Ich nenne sie Notella. Sie ist perfekt für Kinder und hält sich im Kühlschrank für bis zu 4 Wochen. **Ergibt 1 Glas. Einfrierbar.**

150 g Haselnüsse
6 Datteln, entsteint
40 g Kakaopulver
200 g Ahornsirup
120 g Mandelmilch (S. 38)
1 EL Vanilleextrakt

1. Den Ofen auf 200 °C Ober-/Unterhitze / 180 °C Umluft / Gas Stufe 6 vorheizen.
2. Die Haselnüsse auf ein großes, mit Backpapier ausgelegtes Backblech legen und für 10 Minuten rösten. Auskühlen lassen und dann in den Mixtopf geben.
3. Datteln, Kakaopulver, Ahornsirup, Mandelmilch und Vanilleextrakt hinzugeben und **1,5 Min. / Stufe 10** mixen.
4. In ein ausgekochtes Glas füllen (mehr zum Auskochen von Gläsern auf S. 27) und für bis zu 4 Wochen im Kühlschrank aufbewahren.

Ich lerne:

Wie man die Mixfunktion verwendet, um eine supercremige Nusscreme in weniger als 2 Minuten herzustellen.

V GF LF E

Köstliche Erdbeermarmelade

Erdbeermarmelade gehört zu meinen absoluten Lieblingsaufstrichen. In der Erdbeersaison haben meine Mutter und ich immer frische Erdbeeren vom Feld gepflückt. Unsere Hände und Gesichter waren danach komplett rot. Zu Hause haben wir daraus dann Erdbeermarmelade gekocht und es war immer super lecker. Ich habe mich an dem Originalrezept meiner Mutter orientiert, da sie viel weniger Zucker und stattdessen Chia-Samen verwendet hat, um die Marmelade einzudicken. Weniger Zucker, mehr Geschmack. **Ergibt 1 Glas. Einfrierbar.**

150 g Rhabarber
200 g Himbeeren
250 g Erdbeeren
350 g Gelierzucker
3 TL Chia-Samen
1 Vanilleschote
¼ TL Zitronensäure

1. Beginnt damit, den Rhabarber in kleine Stücke zu schneiden und die Erdbeeren zu entstielen. Die Erdbeeren zusammen mit den Himbeeren, dem Gelierzucker, den Chia-Samen und der Zitronensäure in den Mixtopf geben. **15 Sek. / Stufe 5** zerkleinern.
2. Die Vanilleschote hinzufügen und **15 Min. / 100 °C / Linkslauf / Stufe 2** kochen.
3. Um zu testen, ob die Marmelade fertig ist, einen Teelöffel Marmelade auf einen Teller geben. Kurz auskühlen lassen und mit der Löffelkante eine Linie durch die Marmelade ziehen. Wenn die Linie bleibt, ist die Marmelade fertig.
4. In große, ausgekochte Marmeladengläser füllen (mehr zum Auskochen von Gläsern auf S. 27) und fest verschließen. Im Kühlschrank bis zu 1 Monat haltbar.
5. Wenn ihr Marmelade ohne Stücke haben wollt, siebt die Marmelade durch den Gareinsatz in einen Becher und füllt sie dann in die Marmeladengläser.

Ich lerne:

Wie man unglaublich leckere und samtige Marmelade mit der Kochfunktion herstellt und dabei den Gareinsatz verwendet.

GF E

Bunte Fruchtcremes

Fruchtcremes versüßen eure Mahlzeiten zu jeder Tageszeit. Ob nun zum Frühstück auf einem frisch getoasteten Stück Brot oder als raffiniertes Topping auf einem Kuchen: Hier sind zwei Varianten, die ihr wunderbar vielseitig kombinieren könnt. Probiert die Maracujacreme auf einem Victoria Sponge Cake (S. 148) oder die Himbeercreme als Dessert zusammen mit Mascarpone und frischen Himbeeren. Wundervolle Farben und eine unglaublich cremige Konsistenz. **Ergibt jeweils 2 Gläser. Einfrierbar.**

Himbeercreme

240 g Zucker
Schale von 2 Limetten
120 g Butter
3 Eier
100 g Limettensaft
100 g Himbeeren

1. Den Zucker in den Mixtopf geben. **15 Sek. / Stufe 10** mahlen. Limettenschalen hinzufügen und erneut **20 Sek. / Stufe 10** mahlen.
2. Butter, Eier, Limettensaft und Himbeeren hinzugeben. **20 Min. / 90 °C / Stufe 2 / ohne Messbecher** kochen.
3. Nach dem Kochen den Messbecher auf den Deckel setzen und **25 Sek. / Stufe 6** mixen.
4. In zwei ausgekochte Gläser füllen (mehr zum Auskochen von Gläsern auf S. 27) und fest verschließen. Im Kühlschrank bis zu 1 Monat haltbar.

Maracujacreme

240 g Zucker
Saft und Schale von 2 Limetten
120 g Butter
3 Eier
150 g Maracujas (Fruchtfleisch)

1. Den Zucker in den Mixtopf geben. **15 Sek. / Stufe 10** mahlen. Limettenschalen hinzufügen und erneut **20 Sek. / Stufe 10** mahlen.
2. Butter, Eier, Limettensaft und Maracuja-Fruchtfleisch hinzugeben. **20 Min. / 90 °C / Stufe 2 / ohne Messbecher** kochen.
3. Nach dem Kochen den Messbecher auf den Deckel setzen und **25 Sek. / Stufe 6** mixen.
4. In zwei ausgekochte Gläser geben (mehr zum Auskochen von Gläsern auf S. 27) und fest verschließen. Im Kühlschrank bis zu 1 Monat haltbar.

GF E

Karamell-Fudge mit Meersalz

Wenn ihr schon einmal Fudge gegessen habt, wisst ihr vermutlich, warum die Verbindung mit den Wörtern ‚Karamell' und ‚Meersalz' nur eins bedeuten kann: Suchtalarm. Und ja, ihr könnt Fudge im Thermomix® zubereiten. Mit diesem Rezept lernt ihr, wie ihr den cremigsten und leckersten Fudge überhaupt zubereitet. Er wird nicht lange auf dem Küchentisch liegen bleiben. Achtung: Kann extreme Glücksgefühle hervorrufen. Statt mit Salz könnt ihr den Fudge auch mit gefriergetrockneten Früchten bestreuen. **Ergibt 16–20 Stück. Einfrierbar.**

200 g weiße Schokolade, in kleinen Stücken
1 Dose (395 g) Kondensmilch
125 g Butter
160 g brauner Zucker
125 g heller Zuckersirup
½ TL grobes Meersalz

1. Die weiße Schokolade in den Mixtopf geben. **5 Sek. / Stufe 9** zerkleinern. In einem Schälchen für später beiseitestellen.
2. Kondensmilch, Butter, braunen Zucker und hellen Zuckersirup in den Mixtopf geben. **28 Min. / Varoma / Stufe 3 / ohne Messbecher** kochen.
3. In der Zwischenzeit eine quadratische Backform mit einer Fläche von 15–20 cm² mit Frischhaltefolie auslegen.
4. Die geraspelte weiße Schokolade in den Mixtopf hinzugeben und **20 Sek. / Stufe 4** vermischen.
5. Die Masse in die vorbereitete Backform geben, mit Meersalz bestreuen und für mindestens 4 Stunden ruhen lassen. Alternativ für 2 Stunden in den Kühlschrank stellen.
6. Wenn die Masse fest ist, aus der Backform holen und auf ein Schneidebrett legen. Wenn sich der Fudge nicht leicht herausholen lässt, zuerst für ein paar Minuten auf Raumtemperatur kommen lassen. In mundgerechte Stücke schneiden.
7. Der Fudge ist in einem Glas bis zu 1 Monat haltbar.

Ich lerne:

Wie man ohne Messbecher im Deckel kocht, um Flüssigkeit zu reduzieren.

LF V GF

Geröstete Nüsse

Diese gerösteten Nüsse sind super als Snack für zwischendurch. Egal ob ihr mehr Lust auf süße gebrannte Mandeln oder auf mit Kurkuma gewürzte Cashews habt – es lohnt sich, immer ein paar für unterwegs dabeizuhaben. Sie halten sich in einem Glas bis zu 1 Monat.
Beide Rezepte ergeben jeweils 1 Glas.

Gebrannte Mandeln

200 g Mandeln mit Schale
80 g brauner Zucker
1 Prise Zimt
½ TL Vanilleextrakt
10 g Wasser

1. Den Ofen auf 180 °C Ober-/Unterhitze / 160 °C Umluft / Gas Stufe 4 vorheizen. Ein Backblech mit Backpapier auslegen.
2. Mandeln, braunen Zucker, Zimt und Vanilleextrakt in den Mixtopf geben. **6 Min. / Varoma / Linkslauf / Stufe 1** rösten.
3. Das Wasser hinzufügen und erneut **3 Min. / Varoma / Linkslauf / Stufe 1 / ohne Messbecher** rösten. Wenn die Mandeln zu trocken aussehen, noch ein bisschen mehr Wasser hinzugeben.
4. Die Mandeln auf das vorbereitete Backblech geben und im Ofen 10–15 Minuten rösten.

Kurkuma-Cashews

200 g Cashews
½ TL Meersalz
½ TL Kurkuma, gemahlen
½ TL Cayennepfeffer
1 EL Sesamkörner
10 g Wasser

1. Den Ofen auf 180 °C Ober-/Unterhitze vorheizen. Ein Backblech mit Backpapier auslegen.
2. Cashews, Meersalz, Kurkuma, Cayennepfeffer und Sesamkörner in den Mixtopf geben. **4 Min. / Varoma / Linkslauf / Stufe 1** rösten.
3. Das Wasser hinzufügen und erneut **2 Min. / Varoma / Linkslauf / Stufe 1 / ohne Messbecher** rösten.
4. Die Cashews auf das vorbereitete Backblech geben und im Ofen 10–15 Minuten rösten.

Ich lerne:
Wie man im Thermomix® karamellisiert und dafür nicht ständig die Pfanne im Auge behalten muss.

LF FRZ GF

Nussmilch

Es gibt nicht viel, was den Geschmack von selbst gemachter Nussmilch toppt. Wenn ihr laktoseintolerant seid oder den Geschmack von Kuhmilch einfach nicht mögt, ist Nussmilch die beste Alternative, die ihr zu Hause ausprobieren könnt. Der Gareinsatz kommt in diesem Rezept zum Ausspülen, Sieben und Ausgießen zum Einsatz und ist ein großartiger kleiner Helfer für die Herstellung von Nussmilch. **Jedes Rezept ergibt 0,75 l Milch.**

Cashew- oder Mandelmilch

200 g Cashews oder Mandeln
1000 g kaltes Wasser, zzgl. etwas mehr zum Einweichen
1 TL Honig (optional)

1. Zunächst die Nüsse in Wasser einweichen. Dafür eine große Schüssel auf den Mixtopfdeckel stellen und die Nüsse darin abwiegen. Die Schüssel mit kaltem Wasser füllen, bis die Nüsse komplett bedeckt sind. 4–5 Stunden einweichen lassen.
2. Die Nüsse gut abspülen. Dafür in den Gareinsatz gießen und etwas kaltes Wasser darüberlaufen lassen. Die Nüsse dann in den Mixtopf geben und das Wasser dazugeben. Den Honig hinzufügen und **1 Min. / Stufe 10** mixen.
3. Ein Passiertuch oder einen Nussmilchbeutel in den Gareinsatz legen. Die Milchmischung über das Tuch bzw. in den Beutel gießen und die Milch in einer Schüssel auffangen. Die Nussreste entsorgen.

Cashewsahne

50 g Cashews
100 g Wasser, zzgl. etwas mehr zum Einweichen
30 g Pflanzenöl

1. Zunächst die Nüsse in Wasser einweichen. Dafür eine große Schüssel auf den Mixtopfdeckel stellen und die Nüsse darin abwiegen. Die Schüssel mit kaltem Wasser füllen, bis die Nüsse komplett bedeckt sind. 4–5 Stunden einweichen lassen.
2. Die Nüsse gut abspülen. Dafür in den Gareinsatz gießen und etwas kaltes Wasser darüberlaufen lassen. Die Nüsse dann in den Mixtopf geben und Wasser sowie Pflanzenöl dazugeben. **1 Min. / Stufe 10** mixen. Als Beilage zu Kuchen oder Soßen servieren oder als Grundlage für Eiscreme verwenden.

Ich lerne:
Wie man den Gareinsatz zum Ausspülen, Sieben und Ausgießen benutzt.
Wie man die Mixfunktion, die Waage und den Timer verwendet.

Nuss-Nugat-Milch

200 g Haselnüsse, geröstet
900 g Wasser, zzgl. etwas mehr zum Einweichen
5 Datteln, entsteint
2 EL Kakaopulver
1 TL Vanilleextrakt

1. Die Haselnüsse zunächst in Wasser einweichen. Dafür eine große Schüssel auf den Mixtopfdeckel stellen und die Haselnüsse darin abwiegen. Die Schüssel mit kaltem Wasser füllen, bis die Nüsse komplett bedeckt sind. 4–5 Stunden einweichen lassen.
2. Die Nüsse gut abspülen. Dafür in den Gareinsatz gießen und etwas kaltes Wasser darüberlaufen lassen. Die Nüsse dann in den Mixtopf geben und das Wasser dazugeben. Datteln, Kakaopulver und Vanilleextrakt hinzufügen und **1 Min. / Stufe 10** mixen.
3. Ein Passiertuch oder einen Nussmilchbeutel in den Gareinsatz legen. Die Milchmischung über das Tuch bzw. in den Beutel gießen und die Milch in einer Schüssel auffangen. Die Nussreste entsorgen.

FRZ GF

Selbst gemachter Ricotta

Habt ihr jemals darüber nachgedacht, euren eigenen Käse herzustellen und ihn nicht mehr kaufen zu müssen? Ich greife auf dieses Rezept zurück, wenn es Sonntagabend ist und ich bemerke, dass ich vergessen habe, Käse zu kaufen. Ricotta lässt sich ganz einfach zubereiten. Ich verwende Lab, um die Milch gerinnen zu lassen. Ihr bekommt es in der Regel in Reformhäusern, online oder im Fachgeschäft. Die vegetarische Variante, die ich in diesem Rezept verwendet habe, nennt sich mikrobielles Lab. **Ergibt 400 g Ricotta.**

2000 g Rohmilch
1 TL Zitronensäure
1 EL Wasser
1 TL Lab
½ TL grobes Meersalz (optional)

1. Die Milch in den Mixtopf geben. Die Zitronensäure in einem Schälchen mit dem Wasser vermischen und zu der Milch in den Mixtopf geben. **10 Min. / 37 °C / Stufe 1** erwärmen.
2. Das Lab hinzugeben und **10 Sek. / Stufe 3** verrühren. Im Mixtopf 15 Minuten gerinnen lassen.
3. Mit einem Messer 4 waagerechte Linien durch die quarkähnliche Milch ziehen und dann in 4 cm große Quadrate schneiden. Noch einmal 15 Minuten mit geschlossenem Deckel und eingesetztem Messbecher ruhen lassen.
4. Den Käsebruch **40 Min. / 37 °C / Stufe 2** erwärmen.
5. Den Gareinsatz mit einem Passiertuch auslegen und in eine große Schüssel stellen. Den Bruch langsam durch das Passiertuch geben und abtropfen lassen.
6. Mit den Händen so viel Flüssigkeit wie möglich auspressen. Die Flüssigkeit in einen separaten Behälter füllen und den Käse im Tuch für ca. 15 Minuten weiter abtropfen lassen. Danach die Tuchecken zusammennehmen und festdrehen, sodass die Restflüssigkeit herausgepresst wird.
7. Den Käse zurück in den Mixtopf geben. Das Meersalz hinzufügen und **1 Min. / Teig-Modus** kneten. Den fertigen Ricotta könnt ihr als Brotaufstrich verwenden oder über Salate streuen. Im Kühlschrank bis zu 4 Tage haltbar.

Ich lerne:

Wie man die Softheiz-Funktion verwendet, um Zutaten auf Körpertemperatur zu erhitzen.
Wie man den Teig-Modus verwendet, um Zutaten zu vermengen.

FRZ GF E

Gemüse-Brühwürfel

Gemüsebrühe gehört zu den Grundzutaten beim Kochen. Man verwendet sie für Suppen und Soßen oder zum Würzen von Reis. Es ist wirklich praktisch, sie immer griffbereit zu haben. Besonders wenn ihr sie bereits in Einzelportionen eingefroren habt und nur noch einen Würfel herausnehmen müsst, um gleich genug für 500 g Wasser zu haben. Das Gute an dieser Brühpaste ist, dass ihr sie nicht kochen müsst, sondern direkt einfrieren könnt. **Einfrierbar.**

25 g Parmesan, klein geschnitten
50 g Karotten, klein geschnitten
1 Stange Staudensellerie, klein geschnitten
½ Zwiebel
1 Tomate, halbiert
½ Zucchini, klein geschnitten
50 g braune Champignons
3 getrocknete Tomaten
20 g Tomatenmark
¼ Porree, klein geschnitten
3 Knoblauchzehen
1 Lorbeerblatt
2 Zweige frischer Salbei
1 Zweig frischer Rosmarin
1 Zweig frischer Thymian
30 g frische Petersilie
1 EL Olivenöl
1 TL schwarzer Pfeffer
80 g trockener Weißwein
130 g Meersalz

1. Den Parmesan in den Mixtopf geben. **7 Sek. / Stufe 9** reiben. Mit dem Spatel nach unten schieben.
2. Die übrigen Zutaten hinzufügen und **30 Sek. / Stufe 10** vermischen. Dabei mit dem Spatel durch die Öffnung im Mixtopfdeckel umrühren.
3. Die Paste in 3–4 Eiswürfelformen geben und mit dem Spatel glatt streichen. Für mindestens 4 Stunden einfrieren und dann in Einzelportionen zum Kochen verwenden. Ein Gemüse-Brühwürfel genügt für 500 g Wasser.

Geheimtipp:

Den Mixtopf nicht reinigen, nachdem ihr diese wunderbaren Brühwürfel gemacht habt. Füllt ihn mit Wasser und macht euch eine schöne Gemüsebrühe. **20 Min. / 100 °C / Stufe 1** kochen und in ausgekochte Gläser füllen. Im Kühlschrank bis zu 1 Woche haltbar.

FRZ GF E

Ghee

Wenn ihr ein Fan der indischen Küche seid, seid ihr bestimmt schon auf eine Zutat namens Ghee gestoßen. Ich verwende es in fast jedem Gericht statt Butter. Ghee wird aus Butter hergestellt. Während des Kochens trennt sich das Fett komplett von den Milchbestandteilen und es entsteht diese wundervoll süße und leckere Zutat, mit der gebratene Zwiebeln so viel besser als mit normaler Butter schmecken. Ghee brennt beim Braten außerdem nicht so leicht an.
Ergibt 1 Glas. Einfrierbar.

500 g ungesalzene Butter, in kleinen Stücken

Die Butter in den Mixtopf geben. **45 Min. / Varoma / Stufe 2** kochen. Durch einen Nussmilchbeutel oder ein Passiertuch abseihen und in ein ausgekochtes Glas füllen (mehr zum Auskochen von Gläsern auf S. 27). Entweder bei Raumtemperatur oder im Kühlschrank lagern – je nachdem, wo ihr mehr Platz habt.

LF FRZ GF E

Grober Senf

Grober Senf ist eines dieser Lebensmittel, die wir alle kaufen, ohne zu wissen, wie einfach man ihn auch selbst machen kann. Egal ob ihr ihn zur Zubereitung einer Senfkruste für euren Braten oder als Zutat in eurem Lieblingssalatdressing verwendet, er lässt sich ganz einfach selbst herstellen. Die Zubereitung dauert nicht lang, ist nicht sehr aufwendig und der Senf hält sich im Kühlschrank monatelang. **Ergibt 1 Glas. Einfrierbar.**

150 g gelbe Senfkörner
150 g schwarze Senfkörner
120 g Apfelessig
10 g Honig
1 Prise Salz
1 Prise schwarzer Pfeffer
½ TL Kurkuma, gemahlen
1 Prise Paprikapulver
20 g Sonnenblumenöl

1. Die gelben und schwarzen Senfkörner in den Mixtopf geben. Den Apfelessig dazugeben und **5 Sek. / Stufe 2** vermischen. Im Mixtopf 1 Stunde ziehen lassen. Wenn ihr in der Zwischenzeit etwas in eurem Thermomix® zubereiten wollt, füllt die Mischung einfach in ein Schälchen und deckt dieses mit Frischhaltefolie ab.
2. Eine Hälfte der Mischung beiseitestellen und die andere Hälfte im Mixtopf **5 Sek. / Stufe 10** mahlen. Mit dem Spatel nach unten schieben. Erneut **5 Sek. / Stufe 10** mahlen. Die übrige Hälfte der Senfkörner-Mischung mit den übrigen Zutaten hinzugeben und **10 Sek. / Stufe 4** vermischen.
3. Alles in ein ausgekochtes Glas geben (mehr zum Auskochen von Gläsern auf S. 27) und im Kühlschrank aufbewahren. Der Senf wird mit der Zeit weniger scharf. Ich empfehle daher, einen Tag zu warten, bevor ihr ihn verwendet, damit er seine unmittelbare Schärfe verliert und etwas milder wird.

FRZ GF E

Pestorolle

Pesto spielt in meinem Leben eine besondere Rolle. Ich könnte es zu fast allem essen. Und man kann es so einfach selbst machen und einfrieren, sodass man immer ein paar Portionen davon zu Hause hat. In diesem Rezept könnt ihr sogar ungeschälte Knoblauchzehen verwenden. Die Pestorolle wird in Scheiben geschnitten und ist im Gefrierschrank bis zu 3 Monate haltbar.
Ergibt 6 Portionen. Einfrierbar.

200 g Parmesan
100 g frisches Basilikum
2 Knoblauchzehen
100 g Pinienkerne
100 g Cashews
½ TL Salz
100 g Olivenöl
Saft und Schale von 1 Zitrone

Pesto rosso Variante
zusätzlich 100 g getrocknete Tomaten hinzufügen

1. Parmesan, Basilikum, Knoblauchzehen, Pinienkerne, Cashews, Salz, Olivenöl und Zitronenschale in den Mixtopf geben. Den Mixtopfdeckel mit dem Messbecher aufsetzen und Zitronensaft auf den Deckel geben, sodass er langsam in den Mixtopf tropft. Die Kerne auf dem Deckel entsorgen. **10 Sek. / Stufe 10** mixen.
2. Alles mit dem Spatel nach unten schieben und erneut **5 Sek. / Stufe 7** mixen. Ihr könnt das Pesto entweder gleich über eure Nudeln geben oder in ein ausgekochtes Glas füllen (mehr zum Auskochen von Gläsern auf S. 27). Im Kühlschrank bis zu 3 Tage haltbar.
3. Wenn ihr das Pesto einfrieren wollt, gebt es auf ein Stück Backpapier, formt es vorsichtig zu einer Rolle und wickelt es dann ein. Einfrieren, nach 2 Stunden auswickeln und in Einzelportionen schneiden. Ihr solltet 4–6 Stücke herausbekommen. Dann wieder zusammenrollen und einwickeln. Im Gefrierschrank bis zu 3 Monate haltbar.
4. Wenn ihr das gefrorene Pesto verwenden wollt, einfach die gewünschte Anzahl an Stücken über Nacht auftauen lassen. Ihr könnt die Stücke aber auch direkt in die Pfanne geben, um sie dort aufzutauen und zu erwärmen.

Ich lerne:
Wie man im Thermomix® Käse reibt.
Wie man Zutaten zu einer feinen Paste mixt.

LF GF E

Fruchtige Tomatensoße

Diese Tomatensoße ist ein Familienrezept. Ich habe das Rezept von meiner Großmutter bekommen und die hat es ursprünglich von einem italienischen Soldaten erhalten. Er hat die Tomatensoße damals häufig für sie gekocht und dabei jede Menge Petersilie verwendet, was für meinen Geschmack allerdings etwas zu viel ist. Ich habe das Rezept daher ein wenig abgeändert. Die Soße lässt sich super einfrieren und ist daher ideal für Tage, an denen es schnell gehen muss. Sie ist auch perfekt für Kinder, die ein wenig wählerisch sind und kein Gemüse mögen. Ihr könnt ein bisschen Hackfleisch einfrieren und später zu der Soße hinzufügen, um eine einfache Bolognese zuzubereiten. Die Soße ist auch eine großartige Suppenbasis. **Ergibt 6–8 Portionen. Einfrierbar.**

1 Zwiebel, halbiert
1 Porree, klein geschnitten
2 Knoblauchzehen
30 g Olivenöl
2 Stangen Staudensellerie, klein geschnitten
1 Karotte, klein geschnitten
1 Zucchini, klein geschnitten
3 braune Champignons
1 rote Paprika, klein geschnitten
300 g Butternut-Kürbis, klein geschnitten
10 g frisches Basilikum
2 TL Oregano, getrocknet
2 Dosen Dattel-Tomaten
30 g Tomatenmark
1 ½ TL Salz
½ TL Zucker
1 TL schwarzer Pfeffer

1. Zwiebel, Porree und Knoblauchzehen in den Mixtopf geben und **3 Sek. / Stufe 5** mixen.
2. Das Olivenöl dazugeben und **10 Min. / 120 °C / TM 31 bitte Varoma / Stufe 1** anbraten.
3. Sellerie, Karotte, Zucchini, braune Champignons, rote Paprika, Butternut-Kürbis, Basilikumblätter und Oregano hinzufügen. Mit eingesetztem Spatel unter Rühren **10 Sek. / Stufe 5** vermischen. Alles mit dem Spatel nach unten schieben.
4. Tomaten aus der Dose, Tomatenmark, Salz, Zucker und schwarzen Pfeffer hinzufügen und **5 Sek. / Stufe 5** mixen. Dann **30 Min. / 100 °C / Stufe 2,5 / ohne Messbecher** kochen. Statt des Messbechers den Gareinsatz auf den Mixtopfdeckel stellen, um Spritzer zu vermeiden. Wichtig: Nach 10 Minuten auf Stufe 1 herunterstellen.
5. Jetzt könnt ihr die fertige Tomatensoße entweder in ausgekochte Gläser (mehr zum Auskochen von Gläsern auf S. 27) oder portionsweise in Gefrierbeutel füllen. Im Gefrierschrank bis zu 3 Monate haltbar.

Ich lerne:
Wie man eine Soße einkocht.

FRZ GF E

Würzbutter

Dieses Rezept solltet ihr euch merken. Ihr könnt eure Butter einfach selbst machen und bei der Herstellung Buttermilch abseihen. In diesem Rezept lernt ihr, wie ihr dafür den Gareinsatz benutzen könnt. Die Buttermilch könnt ihr zum Beispiel für die Zubereitung der wundervollen Scones auf S. 144 verwenden. Das Rezept ergibt etwa 350 g Butter, die ihr nach Belieben würzen könnt. Ihr könnt die Butter auch einfrieren und bei Bedarf wieder auftauen. **Ergibt 350 g Butter. Einfrierbar.**

Grundrezept

700 g Crème double

1. Zunächst den Rühraufsatz (Schmetterling) einsetzen.
2. Die Crème double in den Mixtopf geben. Auf **Stufe 4** schlagen, bis sie eindickt, aufschäumt und Buttermilch entsteht. Der Rührvorgang wird dabei immer lauter, da die Butter irgendwann gegen den Mixtopf schlägt. Normalerweise dauert der Vorgang 1–2 Minuten; behaltet euren Thermomix® währenddessen einfach gut im Auge.
3. Den Rühraufsatz wieder herausnehmen und die Butter in den Gareinsatz geben. Diesen auf eine große Schüssel stellen. Die Buttermilch mithilfe des Spatels abseihen, indem ihr ihn gegen die Seiten drückt, damit die ganze Flüssigkeit herausgedrückt wird. Fangt die Buttermilch auf und benutzt sie zum Backen. Ihr könnt sie in einem ausgekochten Glas bis zu 1 Woche (mehr zum Auskochen von Gläsern auf S. 27) aufbewahren.
4. Ihr könnt die Butter nun auf ein Stück Frischhaltefolie legen und zu einer Rolle formen. Einwickeln und im Kühl- oder Gefrierschrank aufbewahren.

Würzvorschläge

Knoblauchbutter:

2 Knoblauchzehen
5 g frischer Dill
5 g frischer Schnittlauch
5 g frisches Basilikum
5 g frische Petersilie
½ TL Salz

Alles **3 Sek. / Stufe 10** mixen.

Butter mit getrockneten Tomaten:

5 getrocknete Tomaten
¼ TL Salz
¼ rote Paprika, klein geschnitten

Alles **3 Sek. / Stufe 7** mixen.

Butter mit Cranberrys:

20 g Cranberrys
Schale von 1 Orange

Alles **4 Sek. / Stufe 10** mixen.
1 TL Ahornsirup hinzufügen.

85 g Butter zu den Würzmischungen geben und **10 Sek. / Stufe 3** vermischen. Die Würzbutter auf ein Stück Frischhaltefolie geben und fest einwickeln. Im Kühlschrank bis zu 3 Tage und im Gefrierschrank bis zu 1 Monat haltbar.

LF V GF E

Currypasten

Currypasten lassen sich super einfrieren und sind daher perfekt für verregnete Tage. Ein Currypasten-Ei reicht für zwei Personen. Reste der grünen Currypaste könnt ihr im Mixtopf mit einer Dose Kokosmilch auffüllen und daraus einfach eine wunderbare Thai-Suppe kochen. Etwas klein geschnittenes Hähnchenbrustfilet in den Gareinsatz hinzugeben und **15 Min. / 100 °C / Stufe 1** kochen. Keine Reste, perfekte Suppe und leckere Würzpasten.
Ergibt 12 Currypasten-Eier. Einfrierbar.

Grüne Thai-Currypaste

1 TL Kreuzkümmelsamen
2 Knoblauchzehen
2 Schalotten, geschält und halbiert
50 g frischer Ingwer, klein geschnitten
5 frische Kaffernlimettenblätter
20 g Sonnenblumenöl
20 g Fischsoße
4 grüne Chilis
20 g Kokosraspel
30 g frischer Koriander
2 Stängel Zitronengras, klein geschnitten
Saft aus 1 Limette

1. Die Kreuzkümmelsamen in einer Bratpfanne ohne Öl anrösten und dann in den Mixtopf geben.
2. Die übrigen Zutaten mit in den Mixtopf geben. **5 Sek. / Stufe 10** mixen. Alles mit dem Spatel nach unten schieben. Den Gareinsatz einsetzen und erneut **5 Sek. / Stufe 10** mixen.

Jalfrezi-Currypaste

2 TL Kreuzkümmelsamen
jeweils 1 TL Koriander, Bockshornklee und schwarze Senfkörner
2 Knoblauchzehen
50 g frischer Ingwer, klein geschnitten
1 TL Kurkuma, gemahlen
½ TL grobes Meersalz
20 g Sonnenblumenöl
90 g Tomatenmark
1 rote Chili
15 g frischer Koriander, die Stängel in 3 cm große Stücke geschnitten
Saft von ½ Limette

1. Die Kreuzkümmelsamen zusammen mit Koriander, Bockshornklee und schwarzen Senfkörnern in einer Bratpfanne ohne Öl anrösten und dann in den Mixtopf geben. Den Gareinsatz einsetzen und **10 Sek. / Stufe 10** mixen.
2. Den Gareinsatz wieder herausnehmen und die übrigen Zutaten mit in den Mixtopf geben. 3- bis 4-mal **2 Sek. / Stufe 10** mixen, bis die Paste fein genug ist. Dabei zwischendurch alles mit dem Spatel nach unten schieben.
3. Einen Eierpappkarton mit Frischhaltefolie auslegen und die Paste in die Vertiefungen füllen. Einfrieren.

In diesem Kapitel findet ihr köstliche Rohkostrezepte. Rohkostgerichte lassen sich im Thermomix® wunderbar zubereiten. Probiert die einfachen Ideen an heißen Sommertagen – oder wenn euch einfach nicht nach Kochen ist – aus und genießt sie zusammen mit eurer Familie.

Raw Food

Leitfaden zum Zerkleinern
Der Gareinsatz
Meine Vorkoch-Routine
Geheimtipps

....

Overnight Oats
Rote Bete-Bällchen
Key-Lime-Smoothie
Frozen Yogurt
Eis am Stiel
Kirschkucheneis
Detox-Salat
Top 4 Salatdressings
Türkisches Zaziki
Schwarzwälder Mousse au Chocolat

Leitfaden zum Zerkleinern

Gemüse

	Menge	*Dauer/Geschwindigkeit*
Karotten	3 Karotten, geschnitten	4 Sek. / Stufe 5
Staudensellerie	3 Stangen, geschnitten	3 Sek. / Stufe 5
Knoblauch	2 Zehen, geschält	2 Sek. / Stufe 5
Ingwer	5 cm Stück, geschnitten	4 Sek. / Stufe 7
Zwiebeln	1 Zwiebel, geschält & halbiert	2 Sek. / Stufe 5
Kartoffeln	3 Kartoffeln, geviertelt	3 Sek. / Stufe 4
Rotkohl/Weißkohl	½ Kohlkopf, geschnitten	10 Sek. / Stufe 4

Obst

	Menge	*Dauer/Geschwindigkeit*
Äpfel	600 g, in Stücke geschnitten	4–5 Sek. / Stufe 4
Birnen	600 g, in Stücke geschnitten	3–4 Sek. / Stufe 4

Kräuter

	Menge	*Dauer/Geschwindigkeit*
Basilikum	20 g	3 Sek. / Stufe 8
Dill		
Koriander		
Minze		
Petersilie		

Fleisch

	Menge	Dauer/Geschwindigkeit
Schulterstück vom Rind	300 g, in 3 cm große Stücke geschnitten	10 Sek. / Stufe 6
Hähnchenbrust		
Schulterstück vom Schwein		
Putenbrust		

Mahlen/Reiben

	Menge	Dauer/Geschwindigkeit
Käse (mittelhart)	200 g, in Stücke geschnitten	10 Sek. / Stufe 5
Käse (hart)	100 g, in Stücke geschnitten	15 Sek. / Stufe 10
grobe Pfefferkörner	10 g	30 Sek. / Stufe 10
Reis	100 g	1 Min. / Stufe 10
Ganze Gewürze	20 g	1 Min. / Stufe 9

Emulgieren

	Menge	Dauer/Geschwindigkeit
Salatdressing	200 g	20 Sek. / Stufe 3

Der Gareinsatz

Das unerwartete Multitasking-Talent

Der Gareinsatz ist wirklich ein fantastisches Zubehörteil des Thermomix®. Er ist ein wahres Multitasking-Talent und hilft euch dabei, mit ein paar Tricks enorm effizient zu werden. Er wird in den Mixtopf eingesetzt und normalerweise verwendet, um Reis, Kartoffeln, Eier, Schweinefilet oder kleinere Portionen Fisch zu kochen. Aber er kann noch so viel mehr.

Schon gewusst?

Ihr könnt im Gareinsatz Eier kochen oder pochieren. Je nachdem, wie weich ihr eure Eier haben wollt, könnt ihr sie darin bis zu 15 Minuten kochen. Benutzt den Gareinsatz zum Durchsieben von Obst, wenn ihr Marmelade kocht. Um eine richtig samtige Himbeermarmelade zu machen, siebt eure gekochte Marmelade einfach durch den Gareinsatz und benutzt dabei den Spatel, um die verbleibenden Stücke auszupressen.

Wenn ihr eine Soße einkochen wollt, nehmt den Messbecher vom Mixtopfdeckel ab und stellt stattdessen den Gareinsatz darauf. Dadurch kann der Dampf entweichen und eure Soßen werden dickflüssiger. Wenn ihr kleinere Mengen an Gewürzen mahlen wollt, setzt den Gareinsatz in den Mixtopf, um zu verhindern, dass die Gewürze darin zu stark verteilt werden.

Wenn ihr frische Limonade oder Orangensaft aus ganzen Früchten gepresst habt, könnt ihr den Gareinsatz zum Durchseihen verwenden, um Saft ohne Fruchtfleisch zu erhalten. Ihr könnt den Gareinsatz auch zum Abgießen von Nudeln verwenden. Der Gareinsatz eignet sich außerdem wunderbar zum Abgießen von gekochten Hülsenfrüchten. Ihr könnt mit dem Gareinsatz alles abgießen, was groß genug ist, um nicht durch die Schlitze zu fallen. Ich benutze den Gareinsatz am liebsten, um Schweinefilet mit Kartoffeln zuzubereiten. Dafür das Schweinefleisch einfach in 3–4 cm dicke Streifen schneiden und in den Gareinsatz legen. Ein paar Kartoffeln darübergeben und den Mixtopf mit Wasser befüllen. Je nach gewünschter Festigkeit der Kartoffeln 20–30 Minuten kochen. Im Gareinsatz wird euer Fleisch sanft gegart und bleibt schön saftig – fast wie pochiertes Fleisch.

Ungeschälte Süßkartoffeln und Rote Bete sind im Gareinsatz ebenfalls gern gesehen. Da das Gemüse im Gareinsatz zum größten Teil von Wasser bedeckt ist, kocht es schneller und euer Gemüse wird wunderbar al dente.

Meine Vorkoch-Routine

„Food Prepping" bzw. „Meal Prepping" ist die coole Art zu sagen: Ich verbringe viel Zeit in der Küche, um Gemüse zu schneiden und Mahlzeiten zu kochen, die ich für die nächste Woche brauche. Aber es zahlt sich aus und wirkt sich nachhaltig auf euer Essverhalten aus. Ich habe meine eigene Vorkochroutine und stelle vorher immer sicher, dass gewisse Dinge zum Kochen da sind, wenn ich sie brauche. Kleinere Zutaten wie Zwiebeln lagere ich immer vorgeschnitten im Gefrierschrank, sodass ich sie jederzeit zum Auftauen herausholen kann. Sonntagabend ist mein Vorkochabend und ich bereite dann so viel vor, wie ich kann. Ich habe festgestellt, dass ich zwischendurch mehr snacke, wenn ich gewisse Lebensmittel nicht vorbereitet habe. Das führt bei mir immer dazu, dass ich müde werde, unkonzentriert arbeite und ungesunde Sachen zu Hause habe wie diese sündhaft leckeren Schokoriegel.

Zu den Dingen, die ich sonntags vorkoche, gehören meine Lieblingssalatdressings. Dadurch kann ich in der Woche schnell einen Salat zum Mittagessen oder für abends als Beilage zubereiten. Ich bewahre sie in Einweckgläsern im Kühlschrank auf und dort halten sie sich die ganze Woche über.

Da wir zu Hause sehr gern Spaghetti Bolognese (S. 112) essen, bereite ich für gewöhnlich das benötigte Gemüse wie Karotten, Sellerie, Zwiebeln und Knoblauch in einem Rutsch vor und friere es ungekocht und portionsweise ein. Die einzelnen Portionen kann ich dann am Vorabend einfach zum Auftauen in den Kühlschrank legen. Es erleichtert euch das Kochen enorm, wenn ihr dafür nur wenig Zeit habt.

Rote Bete-Burger (S. 103) stehen ebenfalls ganz oben auf meiner Liste. Ich habe daher immer ein paar davon für ein schnelles Mittag- oder Abendessen im Gefrierschrank. Auch wenn ihr nur wenig Zeit habt, lohnt es sich, im Thermomix® Gemüse zu schneiden, Eier, Kartoffeln, Rote Bete und Süßkartoffeln zu kochen, ein paar Dips und Salatdressings zuzubereiten und vielleicht einen Laib Brot zu backen. Das reicht schon, um für den Großteil der Woche etwas zum Frühstück, Mittagessen und als Zwischenmahlzeit zu Hause zu haben. Ich habe meistens zusätzlich ein paar Snacks wie Eis am Stiel (S. 73) oder Rote-Bete-Bällchen (S. 66) da, die euch mit Energie versorgen, wenn ihr euch müde fühlt.

Beim Vorkochen zahlt sich schon der kleinste Aufwand aus. Auch wenn ihr abends nur kurz das am Tag gekaufte Gemüse klein schneidet und portionsweise einfriert, habt ihr schon mehr gemacht als viele andere Leute. Wenn ihr könnt, nutzt die verschiedenen Jahreszeiten und kauft Obst und Gemüse saisonal. Es schmeckt dann so viel besser und ihr könnt einfacher nachvollziehen, wo es herkommt.

Geheimtipps

1 Wenn ihr euch nicht sicher seid, wie groß eure Gemüsestücke sein sollten, bevor ihr sie in den Mixtopf gebt, testet, ob sie durch die Öffnung im Deckel passen. Wenn sie durchpassen, sind sie klein genug, um vom Mixmesser zerkleinert zu werden. Wenn ihr Karotten testet, nehmt die breitere Seite.

2 Um frische Kräuter zu hacken, ohne sie dabei zu zerdrücken, hackt sie 3–4 Mal für 1 Sekunde im Turbo-Modus. Dadurch bleiben sie frisch und es treten keine Bitteraromen aus.

3 Um Gewürze zu mahlen, röstet sie zunächst im Ganzen ohne Öl in einer antihaftbeschichteten Pfanne und gebt sie dann in den Mixtopf. Den Gareinsatz einsetzen und **10 Sek. / Stufe 10** mahlen. Der Gareinsatz verhindert, dass die Gewürze zu weit im Mixtopf verteilt werden.

4 Wenn ihr Käse, der ein wenig weicher als Parmesan ist, reiben wollt, gebt 1 TL Mehl auf 100 g Käse mit in den Mixtopf. **7 Sek. / Stufe 9** reiben.

5 Um Knoblauch zu schälen, 2 bis 10 Zehen in den Mixtopf geben. **5 Sek. / Linkslauf / Stufe 5** mixen. Um die Schale von dem geschälten Knoblauch zu trennen, 200 g Wasser in den Mixtopf geben und warten, bis die Schale nach oben schwimmt. Mit einer Kelle abschöpfen und das Wasser durch den Gareinsatz abgießen. Übrig bleiben herrlich geschälte Knoblauchzehen.

6 Bei der Zubereitung von Mayonnaise das Öl über den Mixtopfdeckel mit eingesetztem Messbecher einlaufen lassen. Dadurch läuft das Öl langsamer in den Mixtopf und ihr erhaltet eine cremigere Mayonnaise.

7 Durch den Linkslauf werden Zutaten vermischt, ohne dass sie dabei zerkleinert werden. Der Linkslauf eignet sich hervorragend zum Vermischen von Salat mit einem Dressing oder wenn ihr einen Dip mit kleinen Stückchen zubereiten wollt. Einfach das Linkslauf-Symbol berühren, bevor ihr die Geschwindigkeit einstellt.

8 Smoothies haben die beste Konsistenz, wenn ihr sie **1 Min. / Stufe 10** mixt. Dabei werden die Zellen der Früchte aufgespalten und ihr erhaltet einen wunderbar cremigen Smoothie.

LF V FRZ GF

Overnight Oats

Overnight Oats sind eine moderne Abwandlung des klassischen Porridges. Ich liebe es, zum Frühstück Haferbrei zu machen. Er lässt sich so vielfältig verwenden, ihr könnt ihn in praktisch jeder Geschmacksrichtung zubereiten. Er hält sich auch super im Kühlschrank und ihr bleibt damit bis zum Mittag satt – der perfekte Frühstücksbegleiter. Ihr könnt für die Zubereitung selbst gemachte Mandelmilch (S. 38) verwenden. **Beide Rezepte ergeben jeweils 2 Portionen.**

Himbeere

200 g Himbeeren
40 g Honig
Saft von ½ Zitrone
20 g Chia-Samen
200 g glutenfreie Haferflocken
500 g Mandelmilch
1 TL Vanilleextrakt

1. Himbeeren, 10 g Honig, Zitronensaft und 10 g Chia-Samen in den Mixtopf geben. **5 Sek. / Stufe 6** mixen.
2. In einem Schälchen beiseitestellen. Den Mixtopf ausspülen.
3. Haferflocken, Mandelmilch, Vanilleextrakt, restliche 30 g Honig und 10 g Chia-Samen in den Mixtopf geben. **10 Sek. / Stufe 2,5** vermischen.
4. Die Haferflocken und die Himbeermischung in ein großes Einweckglas schichten und über Nacht in den Kühlschrank stellen.

Schokolade

1 Banane
200 g glutenfreie Haferflocken
500 g Mandelmilch
20 g Kakaopulver
20 g Honig
20 g Mandelblättchen

1. Die Banane in den Mixtopf geben. **10 Sek. / Stufe 4** mixen. Nach unten schieben.
2. Haferflocken, Mandelmilch, Kakaopulver, Honig und Mandelblättchen hinzufügen und **10 Sek. / Stufe 2,5** vermischen.
3. Den Haferbrei in ein großes Einweckglas füllen und über Nacht in den Kühlschrank stellen.

Ihr könnt den Haferbrei am nächsten Tag mit zur Arbeit nehmen und entweder kalt essen oder für 1 Minute in die Mikrowelle stellen. Das Rezept reicht für 2 Portionen und ihr könnt den Haferbrei bis zu 3 Tage im Kühlschrank aufbewahren.

Ich lerne:
Wie man ohne viel Aufwand ein schnelles Frühstück zubereitet, das lange satt macht.
Wie man die Mixfunktion verwendet und Zutaten vermischt, ohne sie zu mixen.

V FRZ GF LF E

Rote-Bete-Bällchen

Energy Balls sind ein super Snack für zwischendurch. Diese Rote-Bete-Bällchen sind eines der fantastischsten Rezepte, die ich bisher ausprobiert habe, und sie sind so farbenfroh, dass ihr sie auf jeden Fall im Gedächtnis behalten werdet. Die superleckeren Rohkostbällchen kann man fast als herzhafte Süßigkeit bezeichnen und ihr könnt sie einfach portionsweise einfrieren. Bei Bedarf auftauen. Im Kühlschrank bis zu 1 Woche haltbar. **Ergibt 12 Bällchen. Einfrierbar.**

100 g Kokosraspel, zzgl. etwas mehr zum Bestreuen
100 g Cashews
1 Rote Bete, roh, geschält und in große Stücke geschnitten
6 Datteln (Medjool), entsteint
½ TL Vanilleextrakt

1. Kokosraspel, Cashews, Rote Bete, Datteln und Vanilleextrakt in den Mixtopf geben. **10 Sek. / Stufe 10** mixen.
2. Mit feuchten Händen zu kleinen Bällchen formen und in Kokosraspeln wälzen. Danach in den Kühlschrank legen. Ihr könnt sie auch einfrieren und bei Bedarf wieder auftauen.

Geheimtipp:
Wenn ihr kein großer Fan von Rote Bete seid, könnt ihr sie durch mehr Cashews ersetzen und leckere Kokos-Cashew-Bällchen machen.

LF V

Key-Lime-Smoothie

Key Lime Pie ist eines der besten Desserts in der Geschichte der Dessertzubereitung. Stellt euch vor, ihr könnt mit einem Smoothie in den Tag starten, der genau nach diesem Kuchen schmeckt, dabei aber vegan und absolut trinkbar ist. Probiert diesen superleckeren Key-Lime-Smoothie und genießt euer Frühstück mal auf eine andere Weise. **Ergibt 2 Gläser.**

450 g Mandelmilch (S. 38)
1 Banane
30 g frischer Spinat
Saft und Schale von 2 Limetten
½ TL Vanilleextrakt
3 Vollkorn-Butterkekse
2 Datteln (Medjool), entsteint

1. Mandelmilch, Banane, Spinat, Limettensaft und -schale, Vanilleextrakt, Butterkekse und Datteln in den Mixtopf geben. **1 Min. / Stufe 10** mixen. In Gläser füllen und mit zur Arbeit nehmen oder unterwegs genießen.

Ich lerne:

Wie man mit der Mixfunktion aus ganzen Früchten ein supercremiges Getränk zubereitet.

FRZ GF E

Frozen Yogurt

Wenn ihr auf der Suche nach einem schnellen Snack für Kinder seid, ist Frozen Yogurt einfach genial. Voller superleckerer Zutaten wie Bananen und Erdnussbutter ist der Joghurt bei mir meist schon weg, bevor ich ihn überhaupt einfrieren kann. Im Gefrierschrank ist er bis zu 3 Monate haltbar. Nach dem Einfrieren könnt ihr die einzelnen Stücke auch in geschmolzene Schokolade tunken – fast wie ein gesundes „Magnum". **Ergibt 48 Stück.**

3 Bananen
100 g Erdnussbutter
250 g griechischer Joghurt
20 g Agavendicksaft

1. Die Bananen mit der Erdnussbutter, dem Joghurt und dem Agavendicksaft in den Mixtopf geben. **10 Sek. / Stufe 6** mixen.
2. In kleine Silikonformen oder Eisformen füllen und für mindestens 4 Stunden einfrieren.

Geheimtipp:

200 g zerkleinerte Zartbitterschokolade in den Mixtopf geben. **7 Sek. / Stufe 9** mixen. Nach unten schieben und **3 Min. / 37 °C / Stufe 2** schmelzen. Jedes Stück Frozen Yogurt in die Schokolade tunken und zum Trocknen 5 Minuten auf ein Stück Backpapier legen. Dann zurück in den Gefrierschrank legen oder direkt genießen.

QUICKUBE

LF V FRZ GF E

Eis am Stiel

Wer kann zu Eis am Stiel Nein sagen? Dieses superleckere Eis ist die perfekte Ergänzung für euren Gefrierschrank. Das Matcha-Eis schmeckt fast wie Pistazie, ohne auch nur eine Nuss zu enthalten, und beide Rezepte sind perfekt für Kinder. Ihr könnt in die Mischung auch je ein wenig Wodka geben, um eine cremigere Konsistenz zu erhalten. Dann sind sie aber natürlich nicht mehr für Kinder geeignet. **Ergibt jeweils 6 Stück. Einfrierbar.**

Erdbeer-Pfirsich-Eis

2 Pfirsiche, entsteint
300 g Erdbeeren
75 g Agavendicksaft
1 Dose (400 g) Kokosmilch mit hohem Fettgehalt

1. Pfirsiche, Erdbeeren und 25 g Agavendicksaft in den Mixtopf geben. **5 Sek. / Stufe 7** mixen. In einen Becher füllen und für später beiseitestellen.
2. Den Mixtopf ausspülen. Kokosmilch und restliche 50 g Agavendicksaft hineingeben und **10 Sek. / Stufe 2,5** vermischen.
3. Kokosmilch- und Fruchtmischung jeweils nacheinander in Eisformen füllen und für mindestens 8 Stunden einfrieren.
4. Ihr könnt zu der Kokosmilchmischung 1 EL Wodka hinzufügen, um eine cremigere Konsistenz zu erhalten. Achtet darauf, dieses Eis dann nicht Kindern zu geben.

Matcha-Eis

1 reife Avocado, entkernt
Saft aus ½ Zitrone
30 g Agavendicksaft
30 g Kokosöl
½ TL Vanilleextrakt
40 g Erdnussbutter
170 g Kokosmilch
½ TL Matcha-Pulver

1. Avocado, Zitronensaft, Agavendicksaft, Kokosöl, Vanilleextrakt, Erdnussbutter, Kokosmilch und Matcha-Pulver in den Mixtopf geben. **10 Sek. / Stufe 7** vermischen.
2. Die Mischung in Eisformen geben und für mindestens 8 Stunden einfrieren.

LF V FRZ GF E

Kirschkucheneis

Die Cherry Bakewell Tart gehört zu meinen absoluten Lieblingskuchen. Seit ich in Großbritannien lebe, habe ich viele leckere Tartes und Kuchen entdeckt, die ich vorher noch nicht kannte. Bei diesem Kirschkuchen habe ich mir eine kleine Abwandlung des Klassikers überlegt und daraus eine Eiscreme gemacht. Achtung: Da das Rezept Wodka enthält, ist das Eis nicht für Kinder geeignet. Durch den Wodka friert das Eis weniger fest ein, sodass die Konsistenz cremiger wird. Wenn ihr die Eiscreme auch Kindern servieren wollt, lasst den Wodka weg und taut sie einfach ein bisschen länger auf. **Ergibt 4–6 Portionen. Einfrierbar.**

1 Dose Kokosmilch
1 EL Maismehl
60 g Agavendicksaft
200 g Kirschen, entsteint
1 TL Mandelextrakt
5 g Wodka
¼ TL Xanthan
½ TL Rote-Bete-Pulver

1. Kokosmilch, Maismehl, Agavendicksaft, Kirschen, Mandelextrakt, Wodka, Xanthan und Rote-Bete-Pulver in den Mixtopf geben. **30 Sek. / Stufe 6** vermischen.
2. Die Masse in eine große Form gießen und für mindestens 8 Stunden einfrieren. Vor dem Servieren 15 Minuten auftauen lassen.

LF V FRZ GF E

Detox-Salat

Es gibt nichts Besseres als einen leckereren und gesunden Salat zum Mittagessen. In diesem Detox-Salat sind alle Gemüsesorten enthalten, die ihr braucht. Werft den Strunk vom Brokkoli nicht weg – er ist genauso lecker wie die Röschen und macht den Salat noch knackiger. Ihr könnt klein geschnittenen Brokkoli, Kohl und die Kräuter einfach portionsweise in Gefrierbeuteln einfrieren und für ein gesundes Mittagessen auf der Arbeit wieder auftauen. Die Gourmet-Variante eines klassischen Thermomix®-Salats. **Ergibt 4 Portionen. Einfrierbar.**

1 Brokkoli, Röschen einzeln und Strunk in große Stücke geschnitten
200 g Rotkohl, klein geschnitten
10 g frischer Koriander, Stängel in 3 cm große Stücke geschnitten
10 g frische Petersilie
40 g Grünkohl
25 g Kokos-Chips
10 g Kerne-Mix
1 Dose (400 g) Kichererbsen, abgetropft
1 Portion Tahin-Zitronen-Dressing (S. 79)
1 Grapefruit, geschält und geschnitten
1 Avocado, in Scheiben geschnitten

1. Brokkoli, Rotkohl, Koriander, Petersilie und Grünkohl in den Mixtopf geben. **3 Sek. / Stufe 5** zerkleinern. Wenn ihr im Salat feinere Stücke haben wollt, noch etwas länger zerkleinern.
2. Kokos-Chips, Kerne-Mix, Kichererbsen und Tahin-Zitronen-Dressing hinzufügen und alles **40 Sek. / Linkslauf / Stufe 2,5** vermischen.
3. In eine große Salatschüssel geben. Mit Grapefruitstücken und Avocadoscheiben garnieren.

Ich lerne:

Wie man die Schneidefunktion verwendet, um Gemüse in mundgerechte Stücke zu schneiden.

WECK

Top 4 Salatdressings

Ich bin immer auf der Suche nach dem perfekten Salatdressing. Ich habe euch hier meine vier Lieblingsdressings zusammengestellt, die ihr für jeden beliebigen Salat verwenden könnt. Das Tahin-Zitronen-Dressing passt besonders gut zu dem Detox-Salat auf S. 76. Wenn ihr euch zur Arbeit einen Salat mitnehmt, wickelt das Dressing in ein Stück Frischhaltefolie und legt es auf den Salat, sodass beides frisch bleibt. Alternativ könnt ihr euer Dressing auch in einem Glas bis zu 1 Woche im Kühlschrank aufbewahren. **Reicht jeweils für 1 großen Salat.**

Orangen-Vinaigrette

Saft von 1 Orange
20 g Honig
40 g Apfelessig
10 g Olivenöl
½ TL grobes Meersalz
½ TL schwarzer Pfeffer

1. Orangensaft, Honig, Apfelessig, Olivenöl, Meersalz und schwarzen Pfeffer in den Mixtopf geben. **20 Sek. / Stufe 4** emulgieren.

Honig-Senf-Dressing

30 g grober Senf
30 g Honig
50 g Apfelessig
20 g Olivenöl
½ TL grobes Meersalz
½ TL schwarzer Pfeffer

1. Senf, Honig, Apfelessig, Olivenöl, Meersalz und schwarzen Pfeffer in den Mixtopf geben. **20 Sek. / Stufe 4** emulgieren.

Joghurt-Dressing

100 g griechischer Joghurt
5 g Oregano, getrocknet
20 g Weißweinessig
½ TL grobes Meersalz
½ TL schwarzer Pfeffer
10 g Olivenöl

1. Joghurt mit Oregano, Weißweinessig, Meersalz, schwarzem Pfeffer und Olivenöl in den Mixtopf geben. **20 Sek. / Stufe 4** emulgieren.

Tahin-Zitronen-Dressing

50 g Tahin (Sesammus)
20 g Olivenöl
½ TL Sojasoße
2 Zitronen, Schale von 1 und Saft aus 2
½ TL grobes Meersalz
½ TL schwarzer Pfeffer

1. Tahin, Olivenöl, Sojasoße, Zitronenschale und -saft, Meersalz und schwarzen Pfeffer in den Mixtopf geben. **20 Sek. / Stufe 2,5** emulgieren.

FRZ GF

Türkisches Zaziki

Mein Freund Jesse ist verrückt nach Gerichten aus der mediterranen Küche. Das hier ist einer seiner Lieblingsdips und wir bereiten ihn immer gern als schnellen Party-Snack zu. Ihr könnt das Zaziki zusammen mit Pita-Chips (S. 136) servieren. Es schmeckt am besten frisch und mit einem guten Glas Wein. **Ergibt 4 Portionen.**

2 Knoblauchzehen, geschält
2–3 Zweige frische Minze, ohne Stängel
2–3 Zweige frischer Dill
1 Gurke, in groben Stücken, ohne Kerne
400 g griechischer Joghurt

1 TL Meersalz
½ TL schwarzer Pfeffer
¼ TL Chilipulver
¼ TL Kreuzkümmel, gemahlen

1. Knoblauchzehen, Minze und Dill in den Mixtopf geben. **4 Sek. / Stufe 7** mixen. Mit dem Spatel nach unten schieben.
2. Die Gurke hinzufügen und **4 Sek. / Stufe 5** zerkleinern.
3. Joghurt, Meersalz, schwarzen Pfeffer, Chilipulver und gemahlenen Kreuzkümmel dazugeben. **10 Sek. / Linkslauf / Stufe 3** vermischen.
4. Kühl stellen und zusammen mit Parmesan-Rosmarin-Shortbread (S. 142) oder Pita-Chips (S. 136) servieren.

Ich lerne:
Wie man Knoblauch fein schneidet.
Wie man die Linkslauf-Funktion verwendet.

LF V FRZ GF E

Schwarzwälder Mousse au Chocolat

Wir alle kennen die berühmte Schwarzwälder Kirschtorte. Ein richtiger Klassiker. Durch die viele Sahne und Schokolade allerdings auch die reinste Kalorienbombe. Diese raffinierte Abwandlung hier ist so leicht und locker und enthält keinen raffinierten Zucker; es ist kaum zu glauben. Wenn ihr die Mousse Kindern servieren wollt, nehmt statt des Kirschwassers einfach Kirschsaft. **Ergibt 4 Portionen. Einfrierbar.**

200 g Sauerkirschen (im Glas oder frisch, entsteint und halbiert)
10 g Kirschwasser (oder Brandy)

1 reife Avocado, geschält und entkernt
6 Datteln, entsteint
20 g Agavendicksaft
200 g Kokosmilch
40 g Kakaopulver
1 TL Vanilleextrakt

50 g Kokossahne (oder die obere, cremige Schicht aus einer Dose Kokosmilch)
20 g Kakao-Nibs

1. Die Kirschen in einem Schälchen in Kirschwasser oder Brandy einlegen und beiseitestellen.
2. Avocado, Datteln, Agavendicksaft, Kokosmilch, Kakaopulver und Vanilleextrakt in den Mixtopf geben. **30 Sek. / Stufe 7** mixen. Alles nach unten schieben und erneut **10 Sek. / Stufe 7** mixen.
3. Die Mousse in Dessertschälchen füllen und mit Kokossahne, Kakao-Nibs und Kirschen garnieren. Vor dem Servieren für mindestens 2 Stunden kühl stellen.

Geheimtipp: Wenn ihr die Schwarzwälder Mousse au Chocolat einfrieren wollt, stellt sie einfach ohne Topping ins Eisfach. Bei Bedarf wieder auftauen und vor dem Servieren garnieren.

In diesem Kapitel lernt ihr die genialsten Tricks zum Kochen mit dem Thermomix®. Von All-in-one-Gerichten bis zur Verwendung des Varomas – macht euch bereit für unglaublich leckeres Essen.

Kochen

Leitfaden zum Kochen
Der Varoma
Meine Kochroutine
Geheimtipps

....

Avocadotoast mit Ei
Kürbis-Hummus
Rote-Bete-Burger
Kokos-Linsen-Dal
Blumenkohlsuppe
Thai-Suppe mit Garnelen
Hähnchenkeulen
Chorizo-Bolognese
Rinderbraten mit Selleriepüree

Leitfaden zum Kochen

Hartes Gemüse

800 g Wasser (nach Belieben mit Salz) oder Brühe in den Mixtopf füllen. Das Gemüse sowohl in den Varoma-Behälter als auch in den Einlegeboden legen und garen. Die folgenden Angaben beziehen sich auf Mengen für 4 Personen. Wenn der Varoma-Behälter voll wird, das restliche Gemüse in den

	Größe	*Einstellung*
Aubergine	Würfel, 2 cm	25 Min. / Varoma / Stufe 1
Rote Bete		40 Min. / Varoma / Stufe 1
Butternut-Kürbis		30 Min. / Varoma / Stufe 1
Karotten	Streifen, 1 cm	25 Min. / Varoma / Stufe 1
Knollensellerie	Würfel, 2 cm	

Weiches Gemüse

	Größe	*Einstellung*
Spargel	ganze Stängel	20 Min. / Varoma / Stufe 1
Grüne Bohnen	ganz	15 Min. / Varoma / Stufe 1
Brokkoli	kleine Röschen	20 Min. / Varoma / Stufe 1
Blumenkohl		
Staudensellerie	Würfel, 2 cm	20 Min. / Varoma / Stufe 1
Zucchini	Würfel, 2 cm	20 Min. / Varoma / Stufe 1
Fenchel		25 Min. / Varoma / Stufe 1
Porree		20 Min. / Varoma / Stufe 1
Pilze	ganz	20 Min. / Varoma / Stufe 1
Rettich	Würfel, 2 cm	
Erbsen (gefroren)	ganz	15 Min. / Varoma / Stufe 1
Paprika (rot, gelb)	Streifen, 2 cm	
Spinat	ganze Blätter	10 Min. / Varoma / Stufe 1

Hülsenfrüchte, Kartoffeln & Getreide

600 g Wasser (nach Belieben mit Salz) oder Brühe in den Mixtopf füllen. Die Zutaten in den Gareinsatz geben und kochen.

	Menge	*Einstellung*
Schwarze Bohnen	250 g, ganz, vorher für mindestens 8 Stunden eingeweicht	1 Std. / Varoma / Stufe 1
Kichererbsen		1 Std. / Varoma / Stufe 1
Kidneybohnen		45 Min. / Varoma / Stufe 1
Linsen	250 g, ganz	40 Min. / Varoma / Stufe 1
Hirse		20 Min. / Varoma / Stufe 1
Kartoffeln	500 g, geviertelt	30 Min. / Varoma / Stufe 1
Süßkartoffeln		
Quinoa	250 g, ganz	25 Min. / Varoma / Stufe 1

Reis

1100 g Wasser oder Brühe in den Mixtopf füllen. Den Reis in den Gareinsatz geben und bei angegebener Temperatur kochen. Nach der Hälfte der Kochzeit die Temperatur auf 100 °C herunterstellen.

	Menge	*Einstellung*
Brauner Reis	250 g, ganz	1 Std. / Varoma / Stufe 1
Weißer Reis		30 Min. / Varoma / Stufe 1
Wildreis		50 Min. / Varoma / Stufe 1

Fisch/Meeresfrüchte

800 g Wasser in den Mixtopf füllen. Die Zutaten in den Varoma-Behälter geben und garen. Wenn der Platz im Behälter nicht ausreicht, die restlichen Zutaten in den Einlegeboden legen.

	Menge	*Einstellung*
Kabeljau	2 Filets, ganz	20 Min. / Varoma / Stufe 1
Schellfisch		
Miesmuscheln	25 Muscheln, ganz	
Garnelen	20 Garnelen, ganz	
Lachs	2 Filets, ganz	
Forelle		

Fleisch

800 g Wasser in den Mixtopf füllen. Das Fleisch in den Varoma-Behälter geben und garen. Wenn der Platz im Behälter nicht ausreicht, das restliche Fleisch in den Einlegeboden legen.

	Menge	*Einstellung*
Rinderbraten	1 kg, ganz	50 Min. / Varoma / Stufe 1
Ganzes Huhn		45 Min. / Varoma / Stufe 1
Hähnchenbrust	4 Brustfilets, ganz	25 Min. / Varoma / Stufe 1
Würstchen	6 Würstchen, ganz	15 Min. / Varoma / Stufe 1
Frikadellen	4 cm Durchmesser	25 Min. / Varoma / Stufe 1

Pürees

Für Kartoffel- und Süßkartoffelpüree vor dem Pürieren 20 g Butter, 150 g Milch, 1 Prise Muskatnuss und ½ TL Salz hinzufügen.

	Menge	*Einstellung*
Dicke-Bohnen-Püree	500 g, ganz, gekocht	15 Sek. / Stufe 3 / Rühraufsatz
Obstmus (Birnen oder Äpfel)	500 g, 2 cm große Stücke, gekocht	30 Sek. / Stufe 3 / Rühraufsatz
Erbsenpüree	500 g, ganz, gekocht	15 Sek. / Stufe 3 / Rühraufsatz
Kartoffelpüree	500 g, 2,5 cm große Würfel, gekocht	30 Sek. / Stufe 3 / Rühraufsatz
Süßkartoffelpüree		

Obst

800 g Wasser in den Mixtopf füllen. Das Obst in den Varoma-Behälter geben und garen. Wenn der Platz im Behälter nicht ausreicht, das restliche Obst in den Einlegeboden legen.

	Menge	*Einstellung*
Äpfel	500 g, geviertelt, entkernt	15 Min. / Varoma / Stufe 1
Aprikosen	500 g, halbiert, entsteint	
Kirschen		
Pfirsiche	500 g, halbiert	
Birnen	800 g, geviertelt, entkernt	20 Min. / Varoma / Stufe 1
Erdbeeren	500 g, halbiert	15 Min. / Varoma / Stufe 1

Der Varoma

Dampf ablassen

Der Varoma gehört zu den wegweisendsten Erfindungen, mit denen ihr euer Essen gesund und schonend garen könnt. Er besteht aus drei Teilen: dem Varoma-Behälter und -Deckel, die immer gebraucht werden, sowie dem Varoma-Einlegeboden, der optional verwendet werden kann. Ihr könnt im Varoma jede beliebige Zutat – einschließlich Gemüse, Obst, Fleisch und Fisch – dämpfen und darin sogar Gläser auskochen. Es gibt ein paar grundlegende Dinge, die ihr bei der Verwendung des Varomas immer beachten solltet. Wenn ihr ihn bisher noch nicht benutzt habt, wird es Zeit, ihn aus dem Küchenschrank zu holen.

Schon gewusst?

Wenn ihr Zutaten im Varoma dämpft, denkt daran, etwas Platz zu lassen, damit der Dampf zirkulieren kann. Ein paar Löcher sollten daher unbedeckt bleiben. Fisch und Gemüse (außer Kartoffeln) können im Varoma wunderbar zubereitet werden, da sie nur eine kurze Garzeit haben. Wenn ihr Fisch im eigenen Saft garen wollt, nehmt ein Stück Backpapier oder ein vorgeschnittenes Varoma-Garpapier (schaut in meinen Online-Shop), feuchtet es an und legt den Varoma damit aus. Den Fisch anschließend darauflegen.

Der Varoma-Behälter, das ist der größere Teil eures Varomas, wird normalerweise für kompakte Zutaten wie Hühnchen oder größere Mengen an Gemüse verwendet. Der Varoma-Einlegeboden eignet sich dagegen besser für Fisch oder Gemüse, die beide eine kürzere Garzeit haben. Gelegentlich verwende ich meinen Varoma sogar zum Dämpfen von Kuchen. Statt euren Käsekuchen zu backen, bereitet eine kleinere Menge zu, wickelt ihn in Alufolie ein und füllt 1000 g Wasser in den Mixtopf. Der Käsekuchen muss in den Varoma-Behälter passen. Am besten legt ihr den Boden mit ein paar Kugeln Alufolie aus, bevor ihr den Käsekuchen daraufstellt, sodass der Dampf zirkulieren kann. Den Kuchen fest in Frischhaltefolie einwickeln und **1–1,5 Std. / Varoma / Stufe 1** dämpfen. Bei Bedarf zwischendurch Wasser nachfüllen.

Meine Kochroutine

Kochen ist für mich die entspannendste Tätigkeit des Tages und hat bei mir schon fast eine therapeutische Wirkung. Ich liebe es, beim Zubereiten des Abendessens für Jesse und mich abzuschalten und dabei meine Lieblingsmusik zu hören. Wir kochen zusammen mit unserem Thermomix® und selbst an stressigen Tagen finden wir immer Zeit dafür, frisch zu kochen. Der Varoma kommt dabei häufig zum Einsatz. Ich verwende ihn für viele verschiedene Dinge wie zum Beispiel zum Dämpfen eines ganzen Huhns. Mein Lieblingsrezept ist Hainanese Chicken Rice, ein von Einwanderern der südchinesischen Insel Hainan mitgebrachtes Rezept mit Hühnerfleisch und Reis. Die Zubereitung eines ganzen Huhns im Varoma gibt dem Hühnerfleisch zusätzlichen Geschmack und das Fleisch wird schön saftig.

Ich lege das ganze Huhn in den Varoma-Behälter und füge 2 Gemüse-Brühwürfel (S. 42) zum Wasser im Mixtopf hinzu. Ich schneide das Fleisch ein, damit der austretende Saft gut durchzieht. Ein kleiner Trick ist auch, die Knochen an den Keulen und Flügeln mit einem Messer einzuschneiden, sodass das Knochenmark frei liegt. Dadurch tritt noch mehr Saft aus. Dann dämpfe ich das Huhn für etwa **45–60 Min. / Varoma / Stufe 1,** bis es gar ist und die Zieltemperatur erreicht hat (siehe Richtwert auf S. 97). Nach 30 Minuten setze ich den Gareinsatz ein und koche darin den Basmatireis. Ihr werdet das saftigste Hühnchen zubereiten, das ihr je probiert habt. Serviert mit etwas Chili-Dip rettet es mir den Tag. Die übrig gebliebene Brühe verwende ich als Hühnerbrühe und fülle sie in ein Glas, um daraus am nächsten Tag eine leckere Suppe zu kochen.

Wir sind beide große Fans der indischen Küche. Die Rezepte, die ich am häufigsten im Thermomix® koche, sind daher Kokos-Linsen-Dal (S. 104) und Hühnercurry. Andere leckere Rezepte, die ihr in diesem Kapitel findet, sind die Blumenkohlsuppe mit gerösteten Kichererbsen (S. 106) und der köstliche Rinderbraten mit Selleriepüree (S. 114). Dieser wird ebenfalls im Varoma zubereitet und ich kann nur sagen: Wow, was für ein saftiges Stück Fleisch! Wenn ihr zuvor noch nie sous-vide gegart habt oder keine Ahnung habt, wovon ich gerade spreche, keine Sorge. Das Rezept mit Schritt-für-Schritt-Anleitung für den saftigsten Rinderbraten überhaupt findet ihr auf S. 114, ohne dass ihr dafür alles über die Sous-vide-Methode lernen müsst.

Was ich ebenfalls gerne mache, ist, Reis zu aromatisieren. Egal, ob ihr Gemüsebrühe zum Wasser im Mixtopf hinzufügt oder ein paar Zimtstangen oder schwarze Bohnen mit zum Reis gebt: Es gibt so viele Möglichkeiten, Reis zu einem einzigartigen Bestandteil eurer Mahlzeit zu machen.

Ich zeige euch hier meine zwei Lieblingsvarianten für gewürzten Reis. Eine dritte Variante, Reis mit schwarzen Bohnen, findet ihr auf S. 110 als Teil meines Hähnchenkeulen-Rezepts. Ihr werdet feststellen, dass ich nur mit Basmatireis koche. Meine Lieblingsmarke dafür ist Tilda – und ich habe mit Reis schon viel herumexperimentiert. Dieser Basmatireis musste einfach mein Favorit werden, da die Reiskörner so schön fluffig werden. Ich wende beim Reiskochen eine spezielle Methode an, bei der ich die Kochzeiten teile und den Reis in der ersten Hälfte dämpfe und ihn in der zweiten Hälfte mit einer Gabel umrühre und die Temperatur herunterstelle, um ihn fertig zu kochen. Dadurch wird der Reis nicht so matschig.

Gelber Reis (alias Nasi Kuning)

Dieser Reis ist die perfekte Beilage für südostasiatische Gerichte. 250 g Basmatireis in den Gareinsatz füllen. 4 Kaffernlimettenblätter, 2 Stängel Zitronengras (halbiert) sowie 25 g geschälten und in lange Streifen geschnittenen Ingwer hinzufügen. 650 g Wasser, 1 Dose Kokosmilch und 1 TL Kurkumapulver in den Mixtopf geben. **15 Min. / Varoma / Stufe 1** kochen. Den Reis mit einer Gabel umrühren, dann erneut **15 Min. / 100 °C / Stufe 1** kochen.

Pilaw-Reis

Dieser Reis passt ideal zu indischen Gerichten. Ich liebe ihn als Beilage zu Kokos-Linsen-Dal (S. 104). Zuerst 1 halbierte Zwiebel in den Mixtopf geben. **2 Sek. / Stufe 5** zerkleinern. Dann 30 g Ghee sowie 1 Sternanis hinzufügen und **10 Min. / 120 °C / Stufe 1 [TM31 bitte Varoma]** braten. Alles in eine Schüssel geben. 1050 g Wasser in den Mixtopf geben (ihr braucht ihn zwischendurch nicht zu reinigen). 250 g Basmatireis in den Gareinsatz geben. Die gebratene Zwiebel, 10 g Mandelblättchen, 10 g Rosinen, 1 Zimtstange, 3 Kardamaomkapseln, 1 Gewürznelke und 1 Sternanis hinzufügen. **15 Min. / Varoma / Stufe 1** kochen. Den Reis mit einer Gabel umrühren, dann erneut **15 Min. / 100 °C / Stufe 1** kochen. Zum Schluss Zimtstange, Kardamomkapseln, Gewürznelke und Sternanis herausnehmen und den Reis servieren.

Geheimtipps

1 Um eurem Reis mehr Würze zu verleihen, 1 Dose Kokosmilch und 700 g Wasser in den Mixtopf geben. 250 g Basmatireis hinzufügen und **30 Min. / Varoma / Stufe 0,5** kochen. Nach 15 Minuten die Temperatur auf 100 °C herunterstellen und kurz mit dem Spatel umrühren.

2 Ihr könnt Hähnchen-Geschnetzeltes leicht selbst machen, indem ihr ein paar Hähnchenbrustfilets für 25 Minuten im Varoma dämpft. Das Wasser abgießen und die Hähnchenbrustfilets halbiert in den Mixtopf geben. **4–7 Sek. / Linkslauf / Stufe 4** zerkleinern, bis die Filets die gewünschte Größe haben. Die Hähnchenstücke könnt ihr auch portionsweise einfrieren.

3 Nachdem ihr Gemüse-Brühwürfel (S. 42) zubereitet und portioniert habt, werft den Rest im Mixtopf nicht weg. Macht daraus eine Suppe, indem ihr den Mixtopf bis zur 1-l-Marke mit Wasser füllt und die Brühe **15 Min. / 100 °C / Stufe 1** kocht. In Gläser füllen und bis zu 1 Monat im Kühlschrank aufbewahren oder in Eiswürfelformen einfrieren.

4 Wenn ihr gegrillt habt, könnt ihr euer Fleisch einfach im Varoma-Behälter **15 Min. / 80 °C / Stufe 1** wieder aufwärmen. Das könnt ihr mit allen Fleischsorten machen, die ihr gegrillt habt. Funktioniert auch bei gegrillten Garnelen.

5 Um die Kochzeit zu reduzieren, gebt das Wasser in den Mixtopf und erhitzt es **5 Min. / Varoma / Stufe 1,** während ihr euer Gemüse vorbereitet. Den Varoma einsetzen, wenn das Wasser heiß ist. Dadurch habt ihr ein besseres Gefühl für die Kochzeit und ihr spart zudem ein paar Minuten, die ihr stattdessen auf der Couch verbringen könnt.

6 Um eure Suppen etwas interessanter zu gestalten, würzt ein paar Stücke des Gemüses für die Suppe mit Salz und Pfeffer und legt es in den Varoma. Während ihr eure Suppe kocht, werden die Stücke gedämpft und geben der Suppe am Ende ein wenig mehr Biss. Die Suppe damit garnieren. Ihr könnt die Gemüsestücke auch im Ofen rösten, wenn ihr einen rauchigen Geschmack haben wollt.

7 Meine Geheimwaffe bei der Zubereitung von Fleisch ist ein Fleischthermometer. Ihr könnt es bei Amazon bestellen. Damit wisst ihr ganz genau, wann euer Fleisch gar ist. Ich habe gelernt, Fleisch nicht nach Zeit, sondern nach Temperatur zuzubereiten; es macht geschmacklich einen großen Unterschied. Das Fleischthermometer in die Mitte eures Fleischstücks stecken. Wenn es die richtige Temperatur anzeigt, ist euer Fleisch gar. Hier sind ein paar Richtwerte, an denen ihr euch orientieren könnt:

Rindfleisch
Medium rare: **63 °C**
Medium: **71 °C**
Well-done: **77 °C**

Schweinefleisch: **71 °C**
Hähnchenfleisch (z. B. Brustfilet): **75 °C**
Ganzes Huhn: **82 °C**
Fisch: **70 °C**
Garnelen: **75 °C**

8 Um zu verhindern, dass Zutaten an eurem Varoma haften bleiben, benutzt entweder ein Stück angefeuchtetes Backpapier und legt damit den Varoma-Behälter und -Einlegeboden aus oder verwendet vorgeschnittenes Varoma-Garpapier und folgt den Anweisungen auf der Verpackung. Ihr könnt das Garpapier in meinem Online-Shop kaufen. Alternativ könnt ihr den Varoma auch mit Butter einfetten.

9 Um Soßen einzukochen, nehmt einfach den Messbecher ab und stellt stattdessen den Gareinsatz auf den Mixtopfdeckel. Durch den Gareinsatz kann mehr Dampf entweichen, sodass in der Soße weniger Wasser verbleibt.

10 Die besten Eier kocht ihr im Gareinsatz. Um nicht die ganze Zeit auf die Uhr schauen zu müssen, haltet euch für die perfekte Konsistenz der gekochten Eier an die folgenden Zeitangaben:

Sehr flüssiges Ei (flüssiges Eigelb, dickflüssiges Eiweiß): **10 Min. / Varoma / Stufe 1**
Weichgekochtes Ei (flüssiges Eigelb, festes Eiweiß) : **11 Min. / Varoma / Stufe 1**
Wachsweiches Ei (weiches Eigelb): **12 Min. / Varoma / Stufe 1**
Mittelhartes Ei: **13 Min. / Varoma / Stufe 1**
Hartgekochtes Ei: **15 Min. / Varoma / Stufe 1**

LF FRZ

Avocadotoast mit Ei

Zum Frühstück esse ich gern ein gekochtes Ei. Zu Hause haben wir zum Frühstück immer Eier gekocht und mussten dafür vier verschiedene Eieruhren stellen, weil mein Vater sein Ei ganz weich haben wollte, meine Oma ihres etwas härter mochte und in der Reihenfolge dann mein Bruder und ich kamen. Ich war die, deren Ei so hart war, dass man es auch mit einem Stein hätte verwechseln können. Mit eurem Thermomix® ist das Kochen von Eiern zum Glück viel einfacher. Esst die Eier zusammen mit einer Avocado auf einem Stück getoasteten Brot und genießt euer Frühstück. **Ergibt 2 Toasts.**

2 Eier
500 g Wasser
1 Avocado
2 Scheiben Weißbrot, getoastet (S. 130)
10 g Kresse
1 Prise grobes Meersalz
1 Prise schwarzer Pfeffer
Saft von ½ Zitrone

1. Die Eier zum Kochen in den Gareinsatz legen. Den Mixtopf mit Wasser füllen und **10–15 Min. / 100 °C / Stufe 1** kochen (siehe Zeitangaben auf S. 97).
2. Avocado in den Mixtopf geben. **10 Sek. / Stufe 4** mixen. Avocadomasse auf die Brotscheiben streichen, mit Eiern und Kresse garnieren sowie mit Salz und Pfeffer würzen. Mit frischem Zitronensaft beträufeln.

Ich lerne:

Wie man Eier im Gareinsatz kocht.

LF V FRZ GF E

Kürbis-Hummus

Ich bin ein großer Fan von Dips und das hier ist sicherlich eine der cremigsten Varianten von Hummus. Gerösteter Kürbis harmoniert wunderbar mit Kichererbsen und der Hummus hält sich im Kühlschrank bis zu 3 Tage. Ihr könnt zum Dippen Pita-Chips (S. 136) oder geröstete Karotten nehmen. **Reicht für 4 Personen. Einfrierbar.**

½ Butternut-Kürbis, in kleine Würfel geschnitten
3 Knoblauchzehen
10 g Olivenöl
½ TL Meersalz
½ TL schwarzer Pfeffer
Saft und Schale von 1 Zitrone
1 Dose Kichererbsen, abgetropft (400 g)
60 g Tahin (Sesammus)
60 g Olivenöl
20 g frische Petersilie, ohne Stängel
½ TL Kreuzkümmel, gemahlen
¼ TL geräuchertes Paprikapulver
Pita-Chips (S. 136) und geröstete Karotten zum Dippen

1. Den Ofen auf 200 °C Ober-/Unterhitze / 180 °C Umluft / Gas Stufe 6 vorheizen. Butternut-Kürbis und Knoblauchzehen auf ein mit Backpapier ausgelegtes Backblech legen. In Olivenöl, Salz und Pfeffer wenden und 25–30 Min. backen, bis sie goldbraun sind. Auskühlen lassen.
2. Den gerösteten Kürbis mit den Knoblauchzehen in den Mixtopf geben. Zitronensaft und -schale, Kichererbsen, Tahin, Olivenöl, Petersilie, Kreuzkümmel und geräuchertes Paprikapulver hinzufügen. **10 Sek. / Stufe 10** mixen. Alles mit dem Spatel nach unten schieben und **5 Sek. / Stufe 6** mixen.
3. Zusammen mit gerösteten Karotten und Pita-Chips servieren. Ihr könnt das Kürbis-Hummus bis zu 2 Wochen einfrieren.

Geheimtipp: Für die gerösteten Karotten ganze Karotten auf ein mit Backpapier ausgelegtes Backblech legen und mit Olivenöl beträufeln. Mit Salz und Pfeffer bestreuen und im Ofen bei 220 °C für 20 Minuten rösten.

LF V FRZ GF E

Rote-Bete-Burger

Diese farbenfrohen Burger sind ein super Abendessen für die ganze Familie. Wenn ihr kein Fleisch mögt oder Vegetarier seid, sind sie eine ideale Alternative und enthalten darüber hinaus viele gesunde Inhaltsstoffe. Reicht dazu frisches Brot und Salat und ihr habt eine wundervolle Mahlzeit. Ihr könnt die Burger vor dem Backen auch einfrieren. Achtet dann einfach darauf, sie mit etwas mehr Polenta zu bedecken. Ihr könnt die gebackenen Burger am nächsten Tag auseinanderbrechen und kalt in einem Salat essen. **Ergibt 6 Burger. Einfrierbar.**

2 Frühlingszwiebeln, in 4 cm große Stücke geschnitten
2 Knoblauchzehen
½ TL Koriander, gemahlen
1 Dose Belugalinsen, abgetropft und abgespült
250 g Rote Bete, roh, geschält und in große Stücke geschnitten
1 Prise Meersalz
1 Prise schwarzer Pfeffer
Saft und Schale von ½ Zitrone
80 g Polenta, zzgl. etwas mehr zum Bestreuen
15 g frische Petersilie

1. Den Ofen auf 180 °C Ober-/Unterhitze / 160 °C Umluft / Gas Stufe 4 vorheizen.
2. Frühlingszwiebeln, Knoblauch, Koriander, Belugalinsen, Rote Bete, Meersalz, Pfeffer, Zitronensaft und -schale, Polenta und Petersilie in den Mixtopf geben. **15 Sek. / Stufe 10** mixen.
3. Ein großes Backblech mit Backpapier auslegen.
4. Je eine kleine Menge der Rote-Bete-Mischung herausnehmen und zu einem Burger formen. Die Mischung wird noch sehr feucht sein, also formt sie nicht zu lange. Die Burger werden beim Backen fester.
5. Bestreut die Burger auf dem Backblech mit etwas Polenta und klopft es vorsichtig ein, um eine leicht knusprige Schicht zu erhalten.
6. 15–20 Minuten backen, bis sie von außen knusprig sind.

Ich lerne:

Wie man die Mixfunktion verwendet, um Zutaten vorsichtig zu vermengen, und eine Burger-Mischung zubereitet.

FRZ GF E

Kokos-Linsen-Dal

Ich bin ein großer Fan der indischen Küche. Es vergeht wohl kein Tag, an dem ich nicht irgendein Gericht mit indischen Gewürzen zubereite – sei es zum Frühstück, Mittag- oder Abendessen. Die Gewürze riechen so viel intensiver und sind so vielseitig einsetzbar, es wird einfach nie langweilig. Dieses Kokos-Linsen-Dal ist eine perfekte Beilage und eignet sich hervorragend, um euer Naan, Chapati oder Roti hineinzudippen. Ihr könnt es auch als Hauptgericht zusammen mit frischem Joghurt und Kachumber-Salat servieren. **Reicht für 4 Personen. Einfrierbar.**

300 g rote Linsen, ganz
700 g Wasser
½ TL Kurkuma, gemahlen
1 grüne Chilischote, in Ringe geschnitten
200 g Kokosmilch
4 Schalotten, geschält und halbiert
4 Knoblauchzehen, geschält
2 rote Chilischoten, getrocknet
30 g Ghee (S. 44)
12 Curryblätter
1 Sternanis
1 TL schwarze Senfkörner
1 TL Kreuzkümmelsamen
1 Zimtstange
1 TL Koriander, gemahlen
8 Dattel-Tomaten, jeweils in 8 Stücke geschnitten

1. Rote Linsen, Wasser, Kurkuma und grünen Chiliringen in den Mixtopf geben. **30 Min. / 100 °C / Linkslauf / Stufe 0,5** kochen.
2. Kokosmilch hinzufügen und erneut **15 Min. / 100 °C / Linkslauf / Stufe 0,5** kochen.
3. Die gekochten Linsen in eine separate Schüssel geben und für später abgedeckt beiseitestellen.
4. Mixtopf reinigen und Schalotten, Knoblauchzehen und getrocknete Chilis hineingeben. **3 Sek. / Stufe 5** zerkleinern. Alles mit dem Spatel nach unten schieben. Ghee, Curryblätter, Sternanis, Senfkörner, Kreuzkümmelsamen, Zimtstange sowie Koriander hinzufügen und **5 Min. / 120 °C / Linkslauf / Stufe 1 [TM31 bitte Varoma]** kochen.
5. Die Tomaten hinzufügen und erneut **5 Min. / 100 °C / Linkslauf / Stufe 1** kochen.
6. Die Linsen zurück in den Mixtopf geben und in der heißen Soße erwärmen lassen.

Geheimtipp: Dieses Dal könnt ihr gleich in größeren Mengen vorkochen und portionsweise einfrieren. Bei Bedarf auftauen und im Mixtopf **10 Min. / 100 °C / Linkslauf / Stufe 1** aufwärmen.

LF V FRZ GF E

Blumenkohlsuppe

Diese Blumenkohlsuppe ist eine der besten Suppen, die ich kenne. Die gerösteten Blumenkohlröschen und Kichererbsen geben der Suppe einen unglaublich leckeren, rauchigen Geschmack und runden sie wunderbar ab. Sie ist perfekt zum Aufwärmen an regnerischen Tagen. **Reicht für 4 Personen. Einfrierbar.**

1 Blumenkohl, in kleine Röschen geschnitten
250 g Kichererbsen (Dose), abgespült und abgetropft
5 Knoblauchzehen, ganz und ungeschält
50 g Olivenöl
½ TL Kreuzkümmel, gemahlen
½ TL Paprikapulver
½ TL grobes Meersalz
1 Prise schwarzer Pfeffer
1 große Kartoffel, in 3 cm große Stücke geschnitten
700 g Wasser
2 Gemüse-Brühwürfel (S. 42)

1. Den Ofen auf 200 °C Ober-/Unterhitze / 180 °C Umluft / Gas Stufe 6 vorheizen.
2. Blumenkohlröschen, Kichererbsen und Knoblauchzehen auf ein mit Backpapier ausgelegtes Backblech legen. In 30 g Olivenöl, Kreuzkümmel, Paprikapulver, Salz und Pfeffer wenden und 30 Minuten rösten, bis alles braun ist. Beiseitestellen.
3. Kartoffelstücke in den Mixtopf geben. **2 Sek. / Stufe 5** zerkleinern. Mit dem Spatel nach unten schieben. 20 g Olivenöl hinzufügen und **5 Min. / 120 °C / Stufe 1 [TM31 bitte Varoma]** kochen. Wasser und Brühwürfel hinzugeben und **15 Min. / 100 °C / Stufe 1** kochen.
4. Eine Handvoll der gerösteten Blumenkohlröschen und Kichererbsen zum Garnieren aufbewahren, den Rest mit in den Mixtopf geben und **30 Sek.** zunächst auf **Stufe 4** pürieren, dann langsam bis auf **Stufe 9** hochschalten. Dabei den Messbecher gut festhalten, damit keine Spritzer austreten.
5. Mit den beiseitegestellten gerösteten Blumenkohlröschen und Kichererbsen garnieren und direkt servieren.

Geheimtipp: Suppenreste portionsweise einfrieren und nach Bedarf auftauen. Zum Aufwärmen einfach in den Mixtopf geben und **10 Min. / 100 °C / Stufe 1** aufkochen.

LF FRZ GF

Thai-Suppe mit Garnelen

Wenn ihr ein Fan von den duftenden und frischen Aromen der Thai-Küche seid, müsst ihr dieses Rezept hier unbedingt ausprobieren. Das frische Gemüse harmoniert wunderbar mit den Garnelen und der Kokosmilch. Ein ideales Rezept fürs Mittagessen oder für ein leichtes Abendessen. **Reicht für 2 Personen.**

2 Knoblauchzehen
1 Stängel Zitronengras, in 3 cm große Stücke geschnitten
30 g frischer Ingwer, in 2 cm große Stücke geschnitten
1 Schalotte, halbiert
30 g Pflanzenöl
400 g (1 Dose) Kokosmilch
1 TL Kokosöl
400 g Wasser
1 rote Chilischote, in Ringe geschnitten
Saft und Schale von 1 Limette
¼ TL Reisessig (oder Weißweinessig)
200 g Garnelen, gekocht und gepult
80 g Cherrytomaten
3 braune Champignons, in dünne Scheiben geschnitten
100 g Pak-Choi-Blätter, einzeln
1 Prise Meersalz
5 g frischer Koriander

1. Knoblauchzehen, Zitronengras, Ingwer und Schalotte in den Mixtopf geben. **5 Sek. / Stufe 5** zerkleinern. Nach unten schieben. Das Öl hinzugeben und **5 Min. / 120 °C / Stufe 1 [TM31 bitte Varoma]** kochen.
2. Kokosmilch, Kokosöl, Wasser, rote Chilischotenringe, Limettenschale und -saft sowie Reisessig hinzufügen und **4 Min. / 100 °C / Stufe 1** kochen.
3. Den Gareinsatz in eine große Schüssel stellen. Die Kokossuppe in den Gareinsatz füllen und abgießen. Alle Stückchen entfernen und die Suppe zurück in den Mixtopf füllen.
4. Garnelen, Cherrytomaten, Champignons, Pak Choi und Meersalz hinzufügen und **5 Min. / 100 °C / Linkslauf / Sanftrührstufe** kochen.
5. Noch heiß mit frischem Koriander servieren.

Ich lerne:

Wie man die Sanftrührstufe verwendet, damit die Garnelen während des Kochens nicht zerkleinert werden.

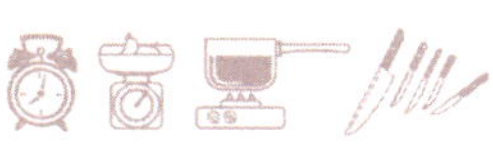

FRZ GF E

Hähnchenkeulen

Ich liebe Hähnchenkeulen zum Abendessen. Wenn Jesse und mir nichts anderes einfällt, machen wir uns immer Hähnchenkeulen. Dieses Rezept ist so einfach zuzubereiten und eure Küche bleibt dabei absolut sauber. Ich finde es großartig, dass alles schon sauber ist, bevor wir überhaupt anfangen, zu essen. Durch Scotch-Bonnet-Chili erhält die Marinade ihren unvergleichlichen Geschmack. Wenn ihr nicht so gern scharf esst, verwendet nur ¼ Chilischote, sodass ihr eine milde Variante dieses scharfen Gerichts aus Jamaika kocht. **Reicht für 4 Personen. Einfrierbar.**

30 g frischer Koriander, geschnitten
4 Frühlingszwiebeln, in 5 cm große Stücke geschnitten
500 g griechischer Joghurt
Saft von 2 Limetten

4 Hähnchenschenkel
1 Scotch-Bonnet-Chilischote
30 g frischer Koriander
3 Frühlingszwiebeln, in 5 cm große Stücke geschnitten
2 Knoblauchzehen
50 g frischer Ingwer, in 2 cm große Stücke geschnitten
20 g frischer Thymian
15 g Olivenöl
40 g Honig
40 g brauner Zucker
Saft von 2 Limetten
1 TL Piment, gemahlen
¼ TL Gewürznelken, gemahlen
1 TL Salz
½ TL schwarzer Pfeffer
10 g dunkler Rum
25 g Apfelessig

1 Dose Kokosmilch (400 g)
650 g Wasser
250 g Basmatireis
1 Dose schwarze Bohnen, abgetropft

1. Den Ofen auf 200 °C Ober-/Unterhitze / 180 °C Umluft / Gas Stufe 6 vorheizen.
2. Koriander und Frühlingszwiebeln in den Mixtopf geben. **1 Sek. / Turbo-Modus / 2 x** zerkleinern.
3. Griechischen Joghurt und Limettensaft hinzufügen und **10 Sek. / Stufe 2,5** vermischen. In ein Schälchen füllen und für später kühl stellen. Den Mixtopf ausspülen.
4. Die Hähnchenschenkel in eine große, mit Backpapier ausgelegte Auflaufform legen und die Haut mit einem scharfen Messer einschneiden. Dadurch zieht die Marinade gleichmäßiger ins Fleisch ein.
5. Chilischote, Koriander, Frühlingszwiebeln, Knoblauchzehen, Ingwer, Thymian, Olivenöl, Honig, braunen Zucker, Limettensaft, Piment, Gewürznelken, Salz, Pfeffer, Rum und Apfelessig in den sauberen Mixtopf geben. **10 Sek. / Stufe 10** mixen.
6. Die Marinade über die Hähnchenschenkel geben und das Ganze im Ofen 40 Minuten garen.
7. In der Zwischenzeit den Mixtopf ausspülen. Danach Kokosmilch und Wasser hineinfüllen. Den Gareinsatz einsetzen. Den Basmatireis in den Gareinsatz geben und **15 Min. / Varoma / Stufe 1** kochen. Schwarze Bohnen hinzufügen und mit einer Gabel in den Reis einrühren. Erneut **15 Min. / 100 °C / Stufe 1** kochen.
8. Hähnchenschenkel und Reis noch heiß zusammen mit dem Joghurt servieren.

GF E

Chorizo-Bolognese

Nach Hähnchenkeulen ist Chorizo-Bolognese mein zweitliebstes Gericht, das ich immer essen kann. Wir haben davon immer ein paar Portionen eingefroren, um zum Abendessen schnell ein leckeres Gericht zu haben. Ich brate die Zwiebeln mit Sternanis an. Mit dieser Geheimzutat erhalten eure Zwiebeln während des Anbratens ein wunderbares Aroma. Ihr könnt den Sternanis später einfach wieder herausnehmen. **Reicht für 4–6 Personen. Einfrierbar.**

300 g Chorizo, ohne Haut, in 5 cm große Stücke geschnitten
1 große Zwiebel, halbiert
3 Knoblauchzehen
30 g Olivenöl
50 g Butter
1 Sternanis
2 Karotten, in 3 cm große Stücke geschnitten
2 Stangen Staudensellerie, in 3 cm große Stücke geschnitten
250 g Rinderhackfleisch
1 Dose Cherrytomaten (400 g)
1 Dose gehackte Tomaten (400 g)
100 g Rotwein
5 g Oregano, getrocknet (1 EL)
1 TL Meersalz
½ TL schwarzer Pfeffer
2 Rosmarinzweige, ohne Stängel
1 Prise feinster Zucker
500 g Bandnudeln
100 g Büffelmozzarella

1. Die Chorizos in den Mixtopf geben. **9 Sek. / Stufe 9** zerkleinern. In ein Schälchen füllen und für später beiseitestellen.
2. Zwiebel und Knoblauchzehen in den Mixtopf geben. **3 Sek. / Stufe 5** zerkleinern.
3. Mit dem Spatel nach unten schieben. Olivenöl, Butter und Sternanis in den Mixtopf geben. **10 Min. / 120 °C / Stufe 1 [TM31 bitte Varoma]** kochen. Den Sternanis entfernen.
4. Karotten und Selleriestangen in den Mixtopf geben. **5 Sek. / Stufe 5** zerkleinern. Dann **5 Min. / 120 °C / Stufe 1** kochen.
5. Chorizos und Rinderhackfleisch hinzufügen. **5 Min. / 120 °C / Linkslauf / Stufe 1 [TM31 bitte Varoma]** kochen.
6. Cherrytomaten, gehackte Tomaten, Rotwein, Oregano, Meersalz, Pfeffer, Rosmarin und Zucker mit in den Mixtopf geben. **20 Min. / 100 °C / Linkslauf / Stufe 2** kochen.
7. In der Zwischenzeit die Nudeln nach Packungsangabe kochen.
8. Die Nudeln mit der Chorizo-Bolognese und ein paar Stücken Büffelmozzarella servieren. Reste der Bolognese könnt ihr einfach einfrieren. Dafür die Soße portionsweise in Gefrierbeutel füllen. Bei Bedarf auftauen. Beim Aufwärmen einfach eine zusätzliche Dose gehackte Tomaten hinzufügen und **15 Min. / 100 °C / Linkslauf / Stufe 2** aufkochen.

FRZ GF E

Rinderbraten

Rinderbraten ist das perfekte Sonntagsessen für die ganze Familie. Zusammen mit Selleriepüree und Gemüse ist es das ideale Gericht, wenn ihr Hunger habt und nicht stundenlang damit verbringen möchtet, Fleisch im Ofen zu garen. **Reicht für 4 Personen. Einfrierbar.**

1,1 kg gerollter Rinderbraten
50 g Rotwein
2 Rosmarinzweige
3 Knoblauchzehen
1 TL Meersalz
1 TL schwarzer Pfeffer
1000 g Wasser
2 Gemüse-Brühwürfel (S. 42)
3–4 Karotten, in große Stücke geschnitten
1 Packung grüne Bohnen, geschnitten
20 g Olivenöl
20 g Butter

1. Den gerollten Rinderbraten auf ein großes Stück Alufolie legen. Die Folie zu einer kleinen Schale formen, dann das Fleisch mit dem Rotwein übergießen, mit den Rosmarinstängeln sowie Knoblauchzehen bestreuen und salzen und pfeffern. Den Rinderbraten fest in die Alufolie einwickeln und in den Varoma legen.
2. Den Mixtopf mit Wasser füllen und die Gemüse-Brühwürfel dazugeben. Den Varoma einsetzen und **45 Min. / Varoma / Stufe 1** garen.
3. Um zu überprüfen, ob euer Braten fertig ist, steckt ein Fleischthermometer direkt in die Mitte des Fleischstücks. Es sollte etwa 55 °C anzeigen, wenn ihr euren Braten medium rare haben wollt. Wenn ihr ihn lieber gut durchgaren möchtet, sollte es 60–65 °C anzeigen. Das Fleisch ist jetzt noch nicht fertig gegart, also wird es Zeit für das Gemüse. Karotten und grüne Bohnen auf beide Seiten neben dem Braten verteilen und noch einmal **20 Min. / Varoma / Stufe 1** garen.
4. Das Gemüse nach dem Dämpfen auf ein Backblech legen und im Ofen bei 100 °C warm halten.
5. Das Fleisch aus der Alufolie nehmen und die Bratenflüssigkeit aus der Folie in einen Becher füllen.
6. Olivenöl und Butter in einer großen Bratpfanne erhitzen. Den Braten ohne Alufolie anbraten, bis er schön braun ist. Erneut die Temperatur messen; für medium rare sollte das Thermometer 63 °C, für medium 71 °C und für well-done 77 °C anzeigen. Den Braten vor dem Tranchieren für mindestens 10 Minuten auf eine große Servierplatte legen und lose mit Alufolie und einem Geschirrtuch bedecken.
7. Zusammen mit Selleriepüree, dem Gemüse und der beiseitegestellten Bratenflüssigkeit servieren.

GF E

Selleriepüree

Das ist eines der cremigsten Püreerezepte, die es gibt. Polenta hat nur eine kurze Kochzeit und gibt diesem wunderbar lockeren Püree eine fantastische Note. Ihr könnt die doppelte Portion kochen und den Rest für später einfrieren. **Reicht für 4 Personen. Einfrierbar.**

300 g Knollensellerie, geschält und in 2 cm große Würfel geschnitten
¼ TL Kreuzkümmel, gemahlen
20 g Sonnenblumenöl
1 rote Zwiebel, geschält und halbiert
1 Stange Staudensellerie, in 3 cm große Stücke geschnitten
1 Gemüse-Brühwürfel (S. 42)
310 g Wasser
50 g Polenta
Schale von ½ Zitrone
290 g Vollmilch
1 Prise Meersalz
1 Prise schwarzer Pfeffer

1. Den Ofen auf 180 °C Ober-/Unterhitze / 160 °C Umluft / Gas Stufe 4 vorheizen.
2. Den Knollensellerie auf ein großes, mit Backpapier ausgelegtes Backblech geben. Kreuzkümmel und 10 g Sonnenblumenöl darübergeben. 30 Minuten rösten.
3. In der Zwischenzeit die rote Zwiebel in den Mixtopf geben und **3 Sek. / Stufe 5** zerkleinern. Mit dem Spatel nach unten schieben. Die restlichen 10 g Sonnenblumenöl hinzufügen und **5 Min. / 120 °C / Stufe 1 [TM31 bitte Varoma]** kochen.
4. Die Selleriestange hinzufügen und **2 Sek. / Stufe 5** zerkleinern. Brühwürfel und 60 g Wasser hinzugeben und **5 Min. / 100 °C / Stufe 1** kochen.
5. Die restlichen 250 g Wasser in den Mixtopf füllen, Polenta und Zitronenschale hinzufügen und **2 Min. / 100 °C / Stufe 1** kochen. Gerösteten Knollensellerie, Milch, Meersalz und Pfeffer hinzugeben und **20 Sek. / Stufe 10** mixen, bis eine homogene Masse entsteht. Ihr könnt das Selleriepüree vor dem Rinderbraten zubereiten und kurz vor dem Servieren in der Mikrowelle aufwärmen.

In diesem Kapitel lernt ihr die wundervolle Welt des Backens mit dem Thermomix® kennen. Geht mit mir auf die Reise und erfahrt, wie ihr euer eigenes Brot backt oder Buttercreme schaumig schlagt. Die Geheimtipps geben euch einen exklusiven Blick hinter die Kulissen des Bäckerhandwerks.

Backen

Leitfaden zum Backen

Schlagen

Den Rühraufsatz (Schmetterling) einsetzen. Die Zutaten in den Mixtopf geben und nach den unten stehenden Einstellungen schlagen. Wenn ihr Schlagsahne zubereiten wollt, stellt keine Zeit ein, sondern beobachtet die Masse und hört auf zu schlagen, sobald die Sahne die gewünschte Festigkeit erreicht hat. Geht niemals über Stufe 4, wenn ihr den Rühraufsatz verwendet, da er sonst brechen kann.

	Menge	*Einstellung*
Crème double	300 g	Sorgfältig beobachten / Stufe 3,5
Eier mit Zucker	4 Eier, 120 g feinster Zucker	6 Min. / 37 °C / Stufe 4 und erneut 6 Min. / Stufe 4
Baiser	4 Eiweiß, 2 TL Maismehl (nach 40 Sek. hinzufügen), 250 g feinster Zucker (nach dem Maismehl nach und nach hinzugeben)	4 Min. / Stufe 3,5

Schmelzen

	Menge	*Einstellung*
Butter	200 g, in kleinen Stücken	4 Min. / 50 °C / Stufe 2
Schokolade (Zartbitter, Vollmilch)	200 g, in kleinen Stücken	8 Sek. / Stufe 9 dann 3 Min. / 37 °C / Stufe 2

Mahlen

Ihr könnt statt 1 EL Vanillezucker auch ½ TL Vanilleextrakt verwenden.

	Menge	*Einstellung*
Feinster Zucker	200 g Kristallzucker	20 Sek. / Stufe 9
Schokolade	200 g, klein geschnitten	7 Sek. / Stufe 9
Zimt und Zucker	200 g feinster Zucker, 1 TL Zimt	10 Sek. / Stufe 2
Kaffeebohnen	200 g	20 Sek. / Stufe 10
Puderzucker	200 g Kristallzucker	
Nüsse (z. B. Cashews, Mandeln)	200 g	
Kerne (z. B. Sesam, Mohn, Sonnenblume)	250 g	
Vanillezucker	200 g feinster Zucker, 1 Vanilleschote	
Vollkorngetreide (z. B. Weizen, Roggen)	250 g	1 Min. / Stufe 10

Backen

Orientiert euch an den folgenden Angaben, um die Backzeit im Ofen zu berechnen.

	Menge	*Backzeit und -temperatur (Ober-/ Unterhitze / Umluft / Gas Stufe)*
Brot	1 Laib	30–40 Min. / 220 °C / 200 °C / 7
Brötchen	6 Brötchen	15 Min. / 220 °C / 200 °C / 7
Biskuitkuchen	1 große Backform	25–35 Min. / 180 °C / 160 °C / 4
Kuchen, kompakt (z. B. Obstkuchen)		1 Std. / 160 °C / 140 °C / 3
Kekse & Plätzchen	12 Stück	12–15 Min. / 180 °C / 160 °C / 4
Croissants	6 Croissants	20 Min. / 200 °C / 180 °C / 6
Brezel	8 Stück	15 Min. / 220 °C / 200 °C / 7

Back-Basics

In diesem Abschnitt findet ihr ein paar Backgrundlagen. Es gibt eine Übersicht zu den unterschiedlichen Backofentemperaturen, wie man die Maßeinheiten Cups in Gramm umwandelt, und sogar meine zwei Lieblingsgrundrezepte für Biskuitkuchen: Schoko- und Vanillebiskuit.

Übersicht zu Backofentemperaturen

Ich habe zu Hause einen Umluftherd, sodass all meine Rezepte dafür ausgelegt sind. Wenn ihr bei euch einen anderen Backofen habt, orientiert euch an der folgenden Übersicht, um die Temperatur in Ober- und Unterhitze umzuwandeln.

Ober-/Unterhitze in °C	*Umluft in °C*	*Gas-Stufe*
110	90	¼
120	100	½
140	120	1
150	130	2
160	140	3
180	160	4
190	170	5
200	180	6
220	200	7
230	210	8
240–250	220–230	9

Umwandlung Cups in Gramm

Wenn ihr in einem Land lebt, in dem Mengen normalerweise in Cups angegeben werden, wisst ihr vielleicht nicht genau, wie ihr die Angaben in euren Lieblingsrezepten in Gramm umrechnen sollt. Ich habe euch hier die wichtigsten Backzutaten aufgelistet, sodass ihr anhand der Tabellen die richtigen Mengen ablesen könnt.

Achtet darauf, nie beide Maßeinheiten, d. h. Gramm und Cups, in einem Rezept zu verwenden, da es sonst schnell unübersichtlich wird und ihr eventuell am Ende nicht die Konsistenz erreicht, die ihr haben wolltet. Ich halte mich immer an eine der beiden Maßeinheiten, um das beste Ergebnis zu bekommen.

Butter

Cups	Gramm
¼ cup	57 g
½ cup	113 g
¾ cup	170 g
1 cup	227 g

Mehl Type 405 & 550, Puderzucker

Cups	Gramm
¼ cup	32 g
½ cup	64 g
¾ cup	96 g
1 cup	128 g

Feinster Zucker, Kristallzucker

Cups	Gramm
¼ cup	50 g
½ cup	100 g
¾ cup	150 g
1 cup	200 g

Biskuitkuchen-Basics

Das hier sind meine zwei Lieblingsgrundrezepte für Biskuitkuchen. Ihr könnt den Vanillebiskuit mit Buttercreme und Marmelade bestreichen und daraus einen Victoria Sponge Cake machen oder den Schokobiskuit als Grundlage für eine Schwarzwälder Kirschtorte verwenden. Beide Biskuitteige sind die perfekte Basis für wunderbare Backkreationen.

Vanillebiskuit

4 Eier
225 g feinster Zucker
225 g Mehl Type 405
225 g Butter
1 TL Vanilleextrakt
1 EL Backpulver

Schokobiskuit

4 Eier
245 g feinster Zucker
225 g Mehl Type 405
225 g Butter
1 TL Vanilleextrakt
1 EL Backpulver
40 g Kakaopulver
30 g kochendes Wasser
2 EL Rum

Zubereitung

1. Den Ofen auf 180 °C vorheizen.
2. Eier, Zucker, Mehl, Butter, Vanilleextrakt und Backpulver in den Mixtopf geben. **30 Sek. / Stufe 5** vermischen. Dabei den Spatel durch den Mixtopfdeckel einsetzen und gleichzeitig umrühren, damit der Teig geschmeidiger wird.
3. Wenn ihr den Schokobiskuit zubereitet, das Kakaopulver in einem Schälchen mit einer Gabel mit kochendem Wasser und Rum vermischen, bis eine dickflüssige Masse entsteht. Wenn sie zu dick wird, etwas mehr kochendes Wasser hinzufügen.
4. Die angerührte Masse in den Mixtopf geben und erneut **10 Sek. / Stufe 5** vermischen.
5. In zwei 20 cm große Kuchenformen füllen und 25–30 Minuten backen. Aus dem Ofen holen und auf einem Kuchengitter abkühlen lassen.

Geheimtipps

1 Wenn ihr Eiweiß schlagt, verwendet nie mehr als 4 Eiweiß auf einmal, da der Eischnee sonst eventuell nicht steif genug wird.

2 Wenn ihr Puderzucker selbst herstellen wollt und nur eine kleine Menge benötigt, ist es immer besser, auch gleich eine andere trockene Zutat aus dem Rezept wie beispielsweise Mehl hinzuzugeben. Dieser Trick klappt auch super, wenn ihr Nüsse mahlen wollt.

3 Wenn ihr für ein Rezept Zitronenschale benötigt und keine Lust habt, die Zitrone fein abzureiben, verwendet einfach einen Gemüseschäler und schält die Zitrone großzügig. Die Schale zusammen mit der Menge Zucker, die ihr im Rezept benötigt, in den Mixtopf geben und **15 Sek. / Stufe 10** mixen. Die Zitronenschale wird dadurch fein gerieben, während der Zucker zu Puderzucker gemahlen wird.

4 Normalerweise muss Butter, die ihr zum Kuchenbacken verwendet, Raumtemperatur haben. Wenn ihr vergessen habt, die Butter rechtzeitig aus dem Kühlschrank zu holen, gebt sie einfach in Stücken in den Mixtopf und schlagt sie **40 Sek. / Stufe 5** cremig. Die Butter wird dadurch weich und kann direkt verwendet werden.

5 Wenn ihr keinen runden Keksausstecher habt, könnt ihr einfach euren Messbecher benutzen, um eure Kekse oder Scones auszustechen. Die Form ist beim TM5® fast die gleiche und beim TM31 sogar ein perfekter Kreis.

6 Um zu verhindern, dass ihr Krümel vom Kuchenboden in eurer Buttercreme habt, gebt 50 g eurer Lieblingsmarmelade in den Mixtopf und schmelzt sie **2 Min. / 50 °C / Stufe 2.** Diese dann über den abgekühlten Kuchenboden geben, um die Krümel einzuschließen. Trocknen lassen und dann erst die Buttercreme auftragen.

7 Wenn ihr Butter und Eier zusammen cremig schlagt, um einen lockeren Biskuitteig zuzubereiten, verwendet dafür den Schmetterling-Rühraufsatz und schlagt **1 Min. / Stufe 3,5.** Achtet darauf, nur Zutaten mit Zimmertemperatur zu benutzen, da die Mischung sonst klumpig werden kann. Wenn sie zu klumpig ist, einfach erneut **1 Min. / 37 °C / Stufe 3** cremig schlagen.

8 Wenn ihr Eiweiß schlagt, um lockeren Baiserteig zuzubereiten, fügt nach 1 Minute 1 TL Maismehl auf 3 Eiweiß hinzu. Danach ½ TL Weißweinessig dazugeben. Dadurch wird die Masse schneller steif und ihr erhaltet einen fantastischen Baiserteig.

9 Wenn ihr Crème double im Thermomix® schlagt, um leckere Schlagsahne zu machen, und dabei nicht aufgepasst habt, keine Sorge: Ihr könnt aus der überschlagenen Sahne Butter machen. Das Rezept dazu findet ihr auf S. 50.

10 Das Schmelzen von Schokolade ist mit dem Thermomix® viel einfacher als mit irgendeinem anderen Küchentool. Der Trick ist, die Schokoladenstücke in den Mixtopf zu geben und **8 Sek. / Stufe 9** zu zerkleinern. Die kleinen Schokostücke lassen sich einfacher schmelzen. Die Temperatur sollte dabei nie höher als 37 °C sein, da sich die Schokolade sonst trennen kann und ihr am Ende ölige und fettige Klumpen erhaltet.

Brot backen

Das eigene Brot finden

Das eigene Brot mit dem Thermomix® zu backen ist für die meisten von uns etwas ganz Besonderes. Das erste Mal, als ich mit meinem Thermomix® erfolgreich ein Brot gebacken habe, war für mich ein Grund zum Feiern. Das Gefühl, nicht losgehen zu müssen, um neues Brot zu kaufen, wenn keins mehr da ist, und dass ich das ganze Haus mit diesem wundervollen Geruch füllen kann, macht mich einfach stolz. Es gibt ein paar Grundlagen, die ihr berücksichtigen solltet. Also lest dieses Kapitel und erfahrt, wie ihr den perfekten Laib Brot backen könnt.

Zutaten

Die Verwendung der richtigen Zutaten macht einen großen Unterschied hinsichtlich der Qualität eures Brots. Die entscheidenden Faktoren sind die Hefe, das Mehl und die Reihenfolge der Zutaten, die ihr verwendet.

Hefe

Ihr könnt entweder frische Hefe oder Trockenhefe verwenden. In meinen Rezepten verwende ich immer Trockenhefe. Wenn ihr möchtet, könnt ihr 1 EL Trockenhefe durch 30 g frische Hefe ersetzen. Wenn ihr Trockenhefe verwendet, achtet darauf, dass auf der Packung „Instant" steht. Damit geht der Hefeteig am schnellsten auf. Ihr könnt ansonsten auch „aktive Trockenhefe" kaufen, bei der der Hefeteig eventuell ein wenig langsamer aufgeht. Schaut einfach regelmäßig nach eurem Teig, um die Gehzeit zu überprüfen.

Mehl

Fürs Brotbacken eignet sich am besten Weizenmehl Type 550. Weizenmehl Type 405 ist milder und enthält weniger Mineralstoffe, Gluten und Proteine. Für einen elastischen Brotteig benötigt man einen hohen Protein- und Glutengehalt. Der Teig wird damit geschmeidiger und behält beim Backen besser seine Form. Alternativ könnt ihr Roggen-, Dinkel-, Buchweizen- oder Vollkornmehl verwenden. Diese Mehlsorten enthalten mehr Mineralstoffe und der Teig kann daher manchmal klebriger sein oder sich etwas schwerer verarbeiten lassen.

Glutenfreies Mehl

Wenn ihr mit glutenfreiem Mehl backen möchtet, denkt daran, dass sich der Teig nicht wie normaler Teig verbindet. Beim Brotbacken mit glutenfreiem Mehl erhaltet ihr eine Konsistenz, die einem dicken Kuchenteig ähnelt. Ihr müsst den Teig direkt in eine Backform geben und dort aufgehen lassen. Um beim Backen mit glutenfreiem Mehl gute Ergebnisse zu erzielen, benutzt ihr am besten fertige Brotbackmischungen.

Knet- und Gehzeit

Die Knetzeit für euren Brotteig hängt von der Mehlsorte ab, die ihr verwendet. Für Teige aus Mehl Type 550 beträgt die Knetzeit etwa 2 Minuten. Für Teige aus dunkleren Mehlsorten oder Vollkornmehl beträgt sie dagegen etwa 3 Minuten. Briocheteig braucht etwa 10 Minuten, da ihr hier die Butter gut in den Teig einarbeiten müsst. Es ist wichtig, den Teig lang genug zu kneten, um das Gluten zu aktivieren und dadurch ein elastischeres Ergebnis zu erhalten.

Die Gehzeit variiert je nach verwendeter Mehlsorte. Für helle Mehlsorten ist die Gehzeit wesentlich kürzer als für dunklere Mehlsorten wie beispielsweise Roggenmehl. Wenn ihr nicht den ganzen Tag warten wollt, bis euer Teig aufgegangen ist, könnt ihr ihn auch in Frischhaltefolie wickeln oder in eine geölte Schüssel legen, die ihr mit Frischhaltefolie abdeckt. Über Nacht in den Kühlschrank stellen, sodass der Teig langsam aufgehen kann und zu fermentieren beginnt. Am nächsten Tag aus dem Kühlschrank nehmen und vor dem Backen für 30 Minuten auf Zimmertemperatur kommen lassen.

Tipps

1. Um Teig einfacher aus dem Mixtopf zu holen, stellt den Mixtopf kopfüber auf eine leicht bemehlte Fläche. Den Mixtopffuß abnehmen und das Mixmesser herunterdrücken, sodass es nach innen fällt. Den Mixtopf wieder aufrecht hinstellen und das Mixmesser aus dem Teig nehmen. Um Teigreste zu entfernen, setzt den Mixtopf wieder zusammen und schaltet **2x** in den **Turbo-Modus.** Dadurch sollten alle Teigreste an die Wand des Mixtopfs geschleudert werden, sodass ihr sie einfach mit dem Spatel entfernen könnt.
2. Es ist wichtig, Hefe immer zuerst im Mixtopf zu aktivieren, indem ihr sie zusammen mit der Flüssigkeit aus eurem Rezept, wie Wasser oder Milch, erwärmt. **2 Min. / 37 °C / Stufe 2** erwärmen.
3. Damit euer Baguette eine schöne Kruste bekommt, bepinselt es direkt vor dem Backen mit einer Mischung aus Wasser und ½ TL Salz. Durch das Salz wird auf der Oberfläche eine Reaktion ausgelöst, durch die euer Baguette noch leckerer wird.
4. Benutzt den Messbecher, um Brötchen aus eurem Teig zu schneiden. Dann könnt ihr jedes Brötchen mit ein wenig Wasser bepinseln und in ein paar Kerne oder Samen tauchen.
5. Wenn ihr Vollkorn mahlt, verwendet immer nur 250 g auf einmal und mahlt **1 Min. / Stufe 10.** Reduziert die Zeit auf **40 Sek. / Stufe 10,** wenn ihr eine gröbere Körnung haben wollt.

Der Rühraufsatz (Schmetterling)

Zeit zu rühren

Der Rühraufsatz ist mit Abstand mein liebstes Zubehörteil vom Thermomix®. Er ist so ein tolles, kleines Teil und hat so viel Kraft. Was ihr immer beachten solltet, ist, ihn niemals über Stufe 4 zu verwenden, da er sonst kaputtgehen kann. Ihr könnt damit unglaublich cremige Soßen, Baisers und Buttercremes zubereiten. Ich benutze ihn fast jeden Tag.

Schon gewusst?

Wenn ihr eine Cremesoße kocht, könnt ihr den Rühraufsatz einsetzen und die Soße am Ende für **40 Sek. / Stufe 4** aufschäumen, um etwas Luft in die Soße zu schlagen und sie dadurch noch cremiger zu machen. Dieser Trick ist besonders nützlich, wenn ihr Sauce hollandaise, Sauce béarnaise oder Zitronensoße für Fisch kocht. Benutzt den Rühraufsatz auch, um festen Baiserteig zu machen. Der Trick hierbei ist, ein wenig mit der Geschwindigkeit zu spielen. Ich steigere die Stufe in den letzten 20 Sekunden meist von 3,5 auf 4, damit die Masse schön fest wird und der beste Baiserteig herauskommt.

Zum Garnieren eures Kuchens könnt ihr den Rühraufsatz benutzen, um die lockerste Buttercreme ohne Klumpen zu machen. Der Trick ist, sie nicht zu lange zu erhitzen. Folgt einfach den Angaben weiter unten, um die besten Ergebnisse zu erzielen. Ein anderes Rezept, das mit dem Rühraufsatz hervorragend gelingt, ist Zabaglione. Sie ist eines meiner Lieblingsdesserts und ist eine lockere Kombination aus Eiern mit Champagner oder Weißwein. Es ist, als ob man eine Wolke essen würde. Sie schmilzt in eurem Mund und durch das Aufschäumen wird die Mousse so unglaublich luftig, dass ihr das Gefühl habt, kaum etwas im Mund zu haben.

Buttercreme-Frosting

250 g Butter in kleinen Stücken in den Mixtopf geben. **40 Sek. / Stufe 5** mixen. Mit dem Spatel alles nach unten schieben und den Rühraufsatz einsetzen. **2,5 Min. / Stufe 3,5** schlagen. Währenddessen nach und nach löffelweise 500 g Puderzucker durch die Öffnung im Mixtopfdeckel hinzufügen. Am Ende einen Schuss Wasser durch die Öffnung hineingeben und eure Buttercreme ist fertig. Ihr könnt am Ende auch Lebensmittelfarbe, ein wenig eurer Lieblingsfruchtcreme oder einen Schuss Alkohol dazugeben.

Kokos-Frosting

Den Rühraufsatz einsetzen. 1 Dose gekühlte Kokossahne (keine Kokosmilch) in den Mixtopf geben. **1,5 Min. / Stufe 3,5** schlagen. Währenddessen nach und nach löffelweise 200 g Puderzucker durch die Öffnung im Mixtopfdeckel hinzufügen. Zum Schluss ¼ TL Xanthan hinzugeben. Bis zur Verwendung kühl stellen.

Meine Backroutine

Backen ist mein Leben. Beim Backen kann ich sogar noch mehr als beim Kochen entspannen und abschalten. Damit bin ich aufgewachsen und das ist es, was ich mit Leidenschaft mache. Das Backen mit dem Thermomix® ist einfach nur ein Schritt weiter zur größtmöglichen Effizienz. Backen habe ich schon von klein auf gelernt, sodass es schon immer ein wichtiger Bestandteil meines Lebens gewesen ist. Daher weiß ich auch, dass Übung den Meister macht. Nach mehreren Ladungen lustig aussehender Kekse hatte ich irgendwann den Dreh raus. Es braucht Zeit, um richtig gut zu werden, aber ihr könnt auf dem Weg dahin wundervolle Ergebnisse kreieren.

Ich habe euch in diesem Buch eine Sammlung meiner Lieblingsbackrezepte zusammengestellt und viele davon sind so einfach zuzubereiten, dass ich sogar sagen würde, dass sie auch für Kinder geeignet sind. Es gab kaum etwas, was ich als Kind nicht ausprobiert habe, also holt ruhig eure Kinder dazu und lasst sie mit den Zutaten und den Geschmacksrichtungen herumexperimentieren.

Sonntagnachmittags war bei uns immer traditionell Kaffeezeit und ich habe einen Teil dieser Tradition mit nach London gebracht. Jesse und ich backen sonntags meist einen Kuchen oder wir essen wenigstens etwas Süßes, was ich zuvor gebacken habe. Dazu trinken wir hier in England Tee. Zwei meiner absoluten Lieblingsrezepte sind Mini-Victoria-Sponge-Cakes (S. 148) und für alle, die es wirklich süß mögen, Schoko-Himbeer-Torte (S. 160). Immer wenn ich gefragt werde, was ich am liebsten backe, versuche ich, an etwas Besonderes zu denken, aber tatsächlich bin ich ein großer Fan einfacher Dinge. Der Slogan meines Blogs heißt nicht umsonst „Backen leicht gemacht". Ich liebe Marmorkuchen und verbinde mit diesem Kuchen so viele Erinnerungen, dass ich mir nicht vorstellen kann, dass jemals etwas daran heranreichen wird. Ich habe kürzlich den Streuselbelag für Marmorkuchen entdeckt und habe euch hier ein wirklich schönes Rezept zum Ausprobieren zusammengestellt (S. 151), das mich wirklich überzeugt hat. Davon abgesehen ist meine gesamte Familie verrückt nach Marmorkuchen, sodass bei jedem Geburtstag einer auf dem Tisch steht.

Es gibt ein paar Dinge, auf die ich beim Backen immer achte. Bevor ihr anfangt, den Teig anzurühren oder zu kneten, heizt euren Backofen vor. Es macht das Backen einfacher und reduziert die Backzeit. Euer Backergebnis wird zudem gleichmäßiger. Ich benutze auch immer ein Bambus- oder Holzstäbchen, um zu testen, ob meine Kuchen fertig sind. Ich steche damit bis ganz nach unten in die Mitte des Kuchens und ziehe es dann daraus, um zu gucken, ob noch Teig daran klebt. Wenn nicht, ist der Kuchen fertig.

Ein Bäcker ist nichts ohne das richtige Zubehör. Ich verwende zum Backen nur runde Springformen und für Obstkuchen und Torten Tortenformen aus eloxiertem Aluminium und mit Hebeboden. Das sind die besten Backformen, die es gibt, und sie lassen sich einfach verwenden. Sie müssen nicht teuer sein. Achtet nur darauf, dass sie antihaftbeschichtet sind.

Fluffige Milchbrötchen

Wenn ihr mit dem Thermomix® bisher noch kein Brot gebacken habt, ist dies das richtige Rezept für den Einstieg. Diese superfluffigen und weichen Milchbrötchen sind perfekt, um sie in Suppen zu tunken oder zu Pulled Pork zu servieren. Sie eignen sich auch hervorragend als Burger-Brötchen. Ihr könnt den Teig am Vorabend zubereiten und über Nacht in den Kühlschrank stellen oder morgens zubereiten und bis zum Abend kühl stellen. Nehmt ihn einfach 30 Minuten vor der Weiterverarbeitung aus dem Kühlschrank und lasst ihn etwas wärmer werden. Ihr könnt die Brötchen auch prima einfrieren. **Ergibt 6 Brötchen. Einfrierbar.**

225 g Wasser
75 g Milch, zzgl. etwas mehr zum Bepinseln
1 EL aktive Trockenhefe
500 g Mehl Type 550, zzgl. etwas mehr zum Bestäuben
1 TL Salz
30 g Butter, in kleinen Stücken
10 g feinster Zucker

1. Wasser, Milch und Trockenhefe in den Mixtopf geben. **2 Min. / 37 °C / Stufe 2** erwärmen.
2. Mehl, Salz, Butter und Zucker hinzufügen und **2 Min. / Teig-Modus** kneten.
3. 1 Stunde gehen lassen, dann auf eine leicht bemehlte Fläche legen. Um den Teig einfacher aus dem Mixtopf zu holen, den Mixtopf kopfüber aufstellen. Den Mixtopffuß abnehmen und das Mixmesser herunterdrücken, sodass es nach innen fällt. Den Mixtopf wieder aufrecht hinstellen und das Mixmesser aus dem Teig nehmen.
4. Den Teig mit einem Teigschaber oder eurem Thermomix®-Spatel in 6 gleich große Stücke schneiden. Die Stücke zu kleinen Bällen formen und auf ein mit Backpapier ausgelegtes Backblech legen. Zwischen den Brötchen jeweils 3 cm Platz lassen.
5. Mit einem Geschirrtuch bedecken und für weitere 30 Minuten gehen lassen.
6. Den Ofen in der Zwischenzeit auf 220 °C Ober-/Unterhitze / 200 °C Umluft / Gas Stufe 7 vorheizen.
7. Das Geschirrtuch abnehmen und die Brötchen mit etwas Milch bepinseln. 15–20 Minuten backen, bis sie goldbraun sind. Die Brötchen sollten sich hohl anhören, wenn ihr daraufklopft.

Ich lerne:
Wie man den Teig-Modus verwendet, um einfache Brötchen zu machen.
Wie man mit dem Spatel Teig schneidet und einfach portionieren kann.

V FRZ LF E

Mohnbrot

Jeder träumt doch davon, zu Hause sein eigenes Brot backen zu können, denkt dann aber schnell, dass es zu viel Arbeit machen würde und man es eh nie so gut hinbekommt wie in der Bäckerei. Ich würde sagen, ihr habt bisher einfach noch nicht das richtige Brot gebacken. Dieses superfluffige Mohnbrot ist so fantastisch und locker, es ist fast so, als ob ihr eine Wolke essen würdet. Und es lässt sich so einfach zubereiten, ohne dass ihr viel machen müsst. Ihr könnt nach dem Backen auch eine Hälfte des Brots einfrieren. Bei Bedarf auftauen und im Ofen 5 Minuten bei 200 °C aufbacken.
Ergibt 1 großes Laib Brot. Einfrierbar.

450 g Wasser
2 EL aktive Trockenhefe
750 g Mehl Type 550
2 TL Salz
10 g Olivenöl
20 g Mohnsamen
3–4 Eiswürfel

1. Wasser und Hefe in den Mixtopf geben und **2 Min. / 37 °C / Stufe 2** erwärmen.
2. Mehl, Salz und Olivenöl hinzufügen und **2 Min. / Teig-Modus** kneten.
3. Für 1 Stunde im Mixtopf gehen lassen, bis sich der Teig verdoppelt hat.
4. Den Ofen auf 250 °C Ober-/Unterhitze / 230 °C Umluft / Gas Stufe 9 vorheizen.
5. Um den Teig aus dem Mixtopf zu holen, stellt den Mixtopf kopfüber auf eine leicht bemehlte Fläche. Den Mixtopffuß abnehmen und das Mixmesser herunterdrücken, sodass es nach innen fällt. Den Mixtopf wieder aufrecht hinstellen und das Mixmesser aus dem Teig nehmen.
6. Den Teig zu einem großen, etwa 30 cm langen und 3 cm dicken Rechteck ausrollen. Die beiden Enden etwa 4 cm einrollen und beginnend mit der langen Seite, die euch am nächsten ist, den Teig der Länge nach aufrollen. Dadurch bekommt ihr eine feste Rolle, die während des Backens ihre Form behält.
7. Vorsichtig in eine mit Backpapier ausgelegte Backform geben und oben mit lauwarmem Wasser bepinseln. Mit Mohnsamen bestreuen und mit einem scharfen, gezackten Messer 4-mal in einer sehr schnellen Bewegung einkerben.
8. Abgedeckt für weitere 10 Minuten gehen lassen, dann in den Ofen stellen. Die Eiswürfel auf den Boden des Backofens legen, die Backofentür schließen und 10 Minuten backen. Den Ofen dann auf 200 °C herunterstellen und für weitere 20–25 Minuten backen, bis sich das Brot hohl anhört, wenn ihr daraufklopft.
9. Aus dem Ofen holen und auf einem Kuchengitter auskühlen lassen.

Knoblauch-Salbei-Brot

Das ist das fantastischste Zupfbrot, das es gibt – ideal für einen gemütlichen Abend auf dem Sofa zusammen mit ein paar Häppchen und einem Glas Wein. Ihr könnt zudem Schinken hineintun, wenn ihr es als Hauptmahlzeit essen wollt. Das Brot schmeckt auch ohne die Füllung sehr lecker und eignet sich super als Grundlage für Sandwiches. **Ergibt 12 Scheiben. Einfrierbar.**

2 Knoblauchzehen
300 g Wasser
1 ½ EL aktive Trockenhefe
500 g Mehl Type 550,
zzgl. etwas mehr zum Bestäuben
20 g Olivenöl
1 ½ TL Salz
10 g feinster Zucker
3–4 Eiswürfel
75 g Cheddar
3 Knoblauchzehen
30 g Butter
20 g frische Salbeiblätter

1. Die Knoblauchzehen in den Mixtopf geben. **5 Sek. / Stufe 5** zerkleinern.
2. Wasser und Hefe hinzufügen und **2 Min. / 37 °C / Stufe 2** erwärmen.
3. Mehl, Olivenöl, Salz und Zucker hinzugeben und **2 Min. / Teig-Modus** kneten.
4. 1 Stunde im Mixtopf mit geschlossenem Deckel gehen lassen, bis sich der Teig verdoppelt hat. Alternativ könnt ihr den Teig auch auf ein Stück Backpapier legen, in Frischhaltefolie einwickeln und über Nacht in den Kühlschrank stellen.
5. Nach der Geh- bzw. Kühlzeit den Backofen auf 250 °C Ober-/Unterhitze / 230 °C Umluft / Gas Stufe 9 vorheizen.
6. Den Teig auf eine leicht bemehlte Fläche geben. Mit den Händen zu einem großen Rechteck formen. Es sollte etwa 25 cm lang und 3 cm dick sein. Beginnend mit dem Ende, das euch am nächsten ist, zu einem großen Block aufrollen. Auf ein mit Backpapier ausgelegtes Backblech legen.
7. Mit einem scharfen, gezackten Messer in einer schnellen Bewegung leicht einkerben, dann abdecken und für weitere 10 Minuten gehen lassen.
8. Das Geschirrtuch abnehmen und das Brot in den Ofen stellen. Die Eiswürfel auf den Boden des Backofens legen und 20–25 Minuten backen, bis sich das Brot hohl anhört, wenn ihr daraufklopft. Für mindestens 30 Minuten auskühlen lassen. Ihr könnt das Brot jetzt so, wie es ist, verwenden oder mit der Knoblauch-Salbei-Mischung befüllen.
9. Dafür den Cheddar und die Knoblauchzehen in den sauberen Mixtopf geben. **5 Sek. / Stufe 9** zerkleinern. Alles mit dem Spatel nach unten schieben. Die Butter hinzufügen und **5 Sek. / Stufe 5** vermischen.
10. Das Brot gleichmäßig einschneiden, jede Spalte mit etwas Knoblauchbutter bestreichen und mit Salbeiblättern garnieren.
11. Auf ein mit Backpapier ausgelegtes Backblech legen und für weitere 5–7 Minuten backen, bis der Käse geschmolzen ist.

LF V FRZ GF E

Quinoa-Chia-Brot

Von den veganen und glutenfreien Broten ist das hier eines meiner Lieblingsbrote. Die Zubereitung ist sehr einfach und der Teig muss nicht geknetet werden. Ihr müsst die Chia-Samen und die Quinoa nur über Nacht einweichen, sodass sie beim Backen schön weich sind. Das Brot hält sich nicht sehr lang, von daher ist es am besten, wenn ihr es in einer Brottasche an einem kühlen und trockenen Ort aufbewahrt. **Ergibt 1 Laib Brot. Einfrierbar.**

120 g Chia-Samen
340 g Quinoa
500 g Wasser

60 g Olivenöl
1 TL Natron
10 g Ahornsirup
Saft von 1 Zitrone
½ TL Salz
50 g Wasser
30 g Kerne-Mix

1. Die Chia-Samen und die Quinoa am Vorabend in einer Schale in Wasser einweichen. Mit Frischhaltefolie abdecken und über Nacht in den Kühlschrank stellen.
2. Am nächsten Tag vor der Teigzubereitung den Backofen auf 160 °C Ober-/Unterhitze / 140 °C Umluft / Gas Stufe 3 vorheizen.
3. 350 g der eingeweichten Quinoa-Chia-Mischung in den Mixtopf geben. Olivenöl, Natron, Ahornsirup, Zitronensaft und Salz hinzugeben und **15 Sek. / Stufe 10** mixen. Mit dem Spatel alles nach unten schieben.
4. Die restliche Quinoa-Chia-Mischung und das Wasser hinzufügen und **1 Min. / Stufe 7** vermischen.
5. Den Teig in eine Kastenform mit einer Länge von ca. 20 cm füllen, dann mit dem Kerne-Mix bestreuen und 70 Minuten backen. Aus dem Backofen holen und auf einem Kuchengitter komplett abkühlen lassen. Das Brot wird beim Auskühlen fester, also wartet ein wenig, bis ihr es schneidet.

V FRZ LF E

Pitabrot

Pitabrot passt perfekt zu Dips. Ich dippe es gern in Zaziki (S. 80) und ihr könnt aus diesem schönen Fladenbrot richtig leckere Pita-Chips machen. Es lässt sich ganz einfach und ohne viel Aufwand zubereiten. Im Backofen entstehen im Teig schöne Luftkammern, wodurch das Pitabrot noch lockerer und luftiger wird. Ihr könnt das Brot nach dem Backen einfrieren und bei Bedarf wieder auftauen. Dafür einfach im Ofen 5 Minuten bei 200 °C aufbacken.

Grundrezept

150 g Wasser
1 EL aktive Trockenhefe
250 g Mehl Type 550
10 g Schwarzkümmelsamen
1 TL Salz
5 g Olivenöl

1. Wasser und Trockenhefe in den Mixtopf geben. **2 Min. / 37 °C / Stufe 2** erwärmen.
2. Mehl, Schwarzkümmelsamen, Salz und Olivenöl hinzufügen und **2 Min. / Teig-Modus** kneten.
3. Den Ofen auf 250 °C Ober-/Unterhitze / 230 °C Umluft / Gas Stufe 9 vorheizen. Ein großes Backblech in den Backofen schieben, damit es warm wird.
4. Den Teig 30 Minuten gehen lassen und dann auf eine leicht bemehlte Fläche geben. Um den Teig einfacher aus dem Mixtopf zu holen, den Mixtopf kopfüber aufstellen. Den Mixtopffuß abnehmen und das Mixmesser herunterdrücken, sodass es nach innen fällt. Den Mixtopf wieder aufrecht hinstellen und das Mixmesser aus dem Teig nehmen.
5. Den Teig mit einem Teigschaber oder eurem Thermomix®-Spatel in 4–6 gleich große Stücke schneiden. Jedes Stück zu einem Oval ausrollen und auf ein Stück Backpapier legen, das auf das Backblech im Ofen passt. Eventuell braucht ihr 2 Backbleche.
6. Das Blech aus dem Backofen holen, das mit den Fladen belegte Backpapier darauflegen und 10–15 Minuten backen, bis das Pitabrot aufpufft, aber noch recht hell aussieht. Zum Auskühlen auf ein Kuchengitter legen und leicht mit einem Geschirrtuch bedecken.

Pita-Chips

3 Pitabrote
10 g Olivenöl
1 TL grobes Meersalz
½ TL schwarzer Pfeffer
½ TL geräuchertes Paprikapulver
½ TL Knoblauchpulver

1. Den Ofen auf 200 °C vorheizen.
2. Die Pitabrote in kleine Stücke schneiden und auf ein mit Backpapier ausgelegtes Backblech legen. Mit Olivenöl beträufeln und dann mit Meersalz, Pfeffer, Paprikapulver und Knoblauchpulver bestreuen.
3. 10–15 Minuten backen, bis die Pita-Chips knusprig und dunkelbraun sind.

Pretzel Dogs

Wie gut ist denn diese Kombination aus Brezeln (englisch *pretzel*) und Hotdogs? Die superleckeren Pretzel Dogs machen einfach nur glücklich. Nach einem langen Tag ist das die beste Mahlzeit, die ihr für die ganze Familie zubereiten könnt. Ich persönlich liebe Brezeln und diese so ungewöhnliche Kombination mit Würstchen und Sauerkraut. Die Hotdog-Brötchen könnt ihr auch einfrieren. **Ergibt 6 Portionen. Einfrierbar.**

300 g Vollmilch
1 ½ EL aktive Trockenhefe
30 g Butter
500 g Mehl Type 550
1 ½ TL Salz
10 g feinster Zucker
1000 g Wasser
1 EL Natron
1 TL grobes Meersalz
6 Frankfurter Würstchen
100 g Sauerkraut
je nach Belieben Ketchup oder Senf

1. Vollmilch und Trockenhefe in den Mixtopf geben. **2 Min. / 37 °C / Stufe 2** erwärmen.
2. Butter, Mehl, Salz und Zucker hinzufügen und **2 Min. / Teig-Modus** kneten.
3. Um den Teig einfacher aus dem Mixtopf zu holen, den Mixtopf kopfüber auf ein Stück Frischhaltefolie stellen. Den Mixtopffuß abnehmen und das Mixmesser herunterdrücken, sodass es nach innen fällt. Den Mixtopf wieder aufrecht hinstellen und das Mixmesser aus dem Teig nehmen. Den Teig zu einem Quadrat formen und mit Frischhaltefolie bedecken. Über Nacht in den Kühlschrank stellen oder, wenn ihr die Pretzel Dogs zum Abendessen zubereiten wollt, macht den Teig am Morgen und stellt ihn über den Tag in den Kühlschrank.
4. Nach der Gehzeit den Teig aus dem Kühlschrank nehmen und aus der Frischhaltefolie wickeln. Den Teig der Breite nach mit einem Teigschaber oder eurem Spatel in 6 gleich große Stücke teilen. Jedes Stück zu einer Rolle in der Länge der Würstchen formen und auf ein mit Backpapier ausgelegtes Backblech legen. Lasst zwischen den Brötchen jeweils 4 cm Platz. Mit einem Geschirrtuch bedecken und 45 Minuten gehen lassen.
5. Den Ofen auf 220 °C Ober-/Unterhitze / 200 °C Umluft / Gas Stufe 7 vorheizen.
6. In der Zwischenzeit das Wasser mit dem Natron in einer großen, tiefen Pfanne erhitzen. Sobald das Wasser kocht, jedes Brötchen 30 Sekunden darin sieden. Mit einer Schöpfkelle herausnehmen und zurück auf das Blech legen. Mit Salz bestreuen.
7. 25 Minuten backen, bis die Brötchen goldbraun sind. Aus dem Ofen holen und auf einem Kuchengitter abkühlen lassen.
8. Mit heißen Würstchen und Sauerkraut servieren, dazu Senf oder Ketchup reichen.

Lieblingspizza

Bevor ihr zum Hörer greift und Pizza bestellt, probiert dieses Rezept für die leckerste Pizza, die ihr jemals gegessen habt. Die Zubereitung ist ideal, um Zeit mit eurer Familie zu verbringen, da ihr alle für den Belag miteinbeziehen und zusammen kreativ werden könnt. Ich liebe Pizza-Abende! Zu Hause hatten wir alle immer unsere Hände im Pizzateig, um meinem Vater zu helfen. Wenn ihr wollt, könnt ihr die Pizza, kurz bevor sie fertig ist, aus dem Ofen nehmen und einfrieren.Später in gefrorenem Zustand weitere 10 Minuten backen. **Reicht für 4–6 Personen. Einfrierbar.**

300 g Wasser
1 EL aktive Trockenhefe
500 g Mehl Type 550
1 TL Salz
20 g Olivenöl

1. Wasser und Trockenhefe in den Mixtopf geben. **2 Min. / 37 °C / Stufe 2** erwärmen.
2. Mehl, Salz und Olivenöl hinzugeben und **2 Min. / Teig-Modus** kneten. 1 Stunde im Mixtopf gehen lassen, bis sich der Teig verdoppelt hat.
3. Den Ofen auf 250 °C Ober-/Unterhitze / 230 °C Umluft / Gas Stufe 9 vorheizen.
4. Um den Teig einfacher aus dem Mixtopf zu holen, den Mixtopf kopfüber auf eine leicht bemehlte Fläche stellen. Den Mixtopffuß abnehmen und das Mixmesser herunterdrücken, sodass es nach innen fällt. Den Mixtopf wieder aufrecht hinstellen und das Mixmesser aus dem Teig nehmen.
5. Den Teig mit einem Teigschaber oder eurem Spatel in 2 gleich große Stücke teilen. Beide Stücke zu großen Kreisen ausrollen. Auf ein mit Backpapier ausgelegtes Backblech legen und den Teig mit einer Gabel einstechen. Nach Belieben belegen und 20 Minuten im Ofen backen, bis die Pizza knusprig und goldbraun ist.

Pizza mit Spinat und Ei:
3 EL passierte Tomaten
1 TL Oregano, getrocknet
1 Handvoll frischen Spinat
20 g Mozzarella, gerieben
1 Ei

Eine Pizza mit allen Zutaten bis auf das Ei belegen. Beginnt mit den passierten Tomaten und Oregano. 15–20 Minuten backen; nach 10 Minuten das Ei direkt über der Pizza aufschlagen und weiterbacken, bis die Pizza goldbraun und das Ei durch ist.

Geheimtipps: Ihr könnt das Weizenmehl auch durch Dinkel- oder Vollkornmehl ersetzen. Der Teig wird dadurch eventuell etwas dicker, also gebt noch ein bisschen Wasser dazu, damit er geschmeidiger wird und ihr besser damit arbeiten könnt. Wenn er klebrig wird, streut ein wenig Grieß oder Polenta auf eure Arbeitsfläche, um die Feuchtigkeit zu binden.

Verwendet Mehl Type 00, wenn es bei euch erhältlich ist. Dadurch wird der Pizzateig viel geschmeidiger und superlocker.

Parmesan-Rosmarin-Shortbread

Dafür kommt man gern nach Hause: frisch gebackenes, leckeres Shortbread mit etwas Käse und Wein. Der ideale Abschluss eines erfolgreichen Tags. Parmesan und Rosmarin sind die perfekte Kombination für Shortbread. Diese kleinen Genuss-Stücke sind klasse zum Dippen in Zaziki (S. 80) und können gut eingefroren werden. Ihr könnt die Shortbreads vorbereiten und einzeln einfrieren. Bei Bedarf auftauen. **Ergibt 20–24 Stück. Einfrierbar.**

80 g Parmesan, in kleinen Stücken
1–2 frische Rosmarinzweige, ohne Stängel
1 Knoblauchzehe
225 g Mehl Type 405
1 TL Meersalz
150 g Butter
20–30 g Wasser

1. Den Ofen auf 180 °C Ober-/Unterhitze / 160 °C Umluft / Gas Stufe 4 vorheizen.
2. Parmesan, Rosmarin und Knoblauchzehe in den Mixtopf geben. **8 Sek. / Stufe 9** mixen. 1 EL der Mischung herausnehmen und in einem Schälchen beiseitestellen.
3. Mehl, Meersalz und Butter hinzufügen und **20 Sek. / Stufe 6** mixen. Währenddessen etwas Wasser durch die Öffnung im Mixtopfdeckel geben, bis die Mischung die Konsistenz eines groben Ziehteigs hat.
4. Den Teig auf ein Stück Frischhaltefolie legen und zu einem langen Block formen. Für 1 Stunde in den Kühlschrank stellen.
5. Ihr könnt den Teig jetzt auch einfrieren und auftauen, wenn ihr ihn braucht.
6. In 2 cm große Stücke schneiden und die Stücke auf ein mit Backpapier ausgelegtes Backblech legen. Die Shortbreads mit der Käse-Mischung bestreuen und 10–12 Minuten backen, bis sie leicht braun sind.
7. Aus dem Ofen holen und auf einem Kuchengitter abkühlen lassen. Die Shortbreads härten beim Auskühlen aus.

Geheimtipp: Mit diesem Rezept könnt ihr auch einen wunderbaren herzhaften Tarteboden zubereiten. Anstatt den Teig zu einem Block zu formen, formt ihn zu einem flachen Kreis und legt ihn in den Kühl- oder Gefrierschrank. Zum Auslegen einer Tortenform verwenden.

Scones mit Beeren

In Großbritannien gibt es keinen Nachmittagstee ohne Scones. Diese Scones mit Beeren sind eine perfekte Abwandlung des Originalrezepts und ideal, wenn ihr nur wenig Zeit habt, da sie sich sehr schnell zubereiten lassen. Zusammen mit ein wenig Clotted Cream und Erdbeermarmelade (s. 30) servieren. **Ergibt 6 Scones. Einfrierbar.**

250 g Mehl Type 405
1 Prise Salz
50 g feinster brauner Zucker
100 g Buttermilch
1 EL Backpulver
1 Ei

50 g Butter
30 g Himbeeren
30 g Blaubeeren

Clotted Cream
Erdbeermarmelade

1. Den Ofen auf 220 °C Ober-/Unterhitze / 200 °C Umluft / Gas Stufe 7 vorheizen.
2. Mehl, Salz, Zucker, Buttermilch, Backpulver, Ei und Butter in den Mixtopf geben. **20 Sek. / Stufe 6** vermischen.
3. Den Teig aus dem Mixtopf holen und auf eine bemehlte Fläche legen. 3 cm dick ausrollen und rund ausstechen. Ihr könnt dafür entweder einen Keksausstecher mit 6 cm Durchmesser oder euren Messbecher verwenden.
4. Die Scones auf ein mit Backpapier ausgelegtes Backblech legen und mit ein paar Blaubeeren und Himbeeren garnieren. Leicht in den Teig drücken, sodass sie während des Backens nicht herunterfallen.
5. 10–15 Minuten backen, bis sie hellbraun und aufgegangen sind. Zum Auskühlen auf ein Kuchengitter stellen. Mit Clotted Cream und Marmelade servieren.

Ich lerne:
Wie man Zutaten im Thermomix® vermischt, sodass sie zu einem geschmeidigen Teig werden.

LF V FRZ GF E

Blaubeer-Cookies

Diese Blaubeer-Cookies sind der perfekte vegane Snack für zwischendurch. Sie enthalten viel Protein. Ihr könnt sie einfach einfrieren und wieder auftauen, wenn ihr sie braucht. Für das Rezept lässt sich entweder Mandelmus oder Erdnussbuter verwenden. Wenn die Cookies aus dem Backofen kommen, sind sie noch sehr weich. Lasst sie daher ein wenig aushärten, bevor ihr sie esst. **Ergibt 12–15 Cookies. Einfrierbar.**

150 g glutenfreie Haferflocken
90 g Olivenöl
120 g Agavendicksaft
160 g crunchy Mandelmus oder Erdnussbutter
90 g Tahin
½ TL Vanilleextrakt
½ TL Meersalz
½ TL Natron
100 g Buchweizenmehl
150 g Blaubeeren

1. Den Ofen auf 180 °C Ober-/Unterhitze / 160 °C Umluft / Gas Stufe 4 vorheizen.
2. Zwei große Backbleche mit Backpapier auslegen.
3. Die Haferflocken in den Mixtopf geben und **3 Sek. / Stufe 10** zerkleinern. Für später in ein Schälchen füllen.
4. Olivenöl, Agavendicksaft, Mandelmus/Erdnussbutter, Tahin und Vanilleextrakt in den Mixtopf geben. **2 Min. / 40 °C / Stufe 2** erwärmen.
5. Die beiseitegestellten Haferflocken, Meersalz, Natron, Buchweizenmehl und Blaubeeren hinzugeben und **20 Sek. / Linkslauf / Stufe 2** vermischen.
6. Die Masse esslöffelweise auf die vorbereiteten Backbleche geben und dazwischen mindestens 4 cm Platz lassen. Mit den Fingern leicht platt drücken und rund formen. 10–12 Minuten backen.
7. Aus dem Ofen holen und auf den Blechen auskühlen lassen, bis sie hart geworden sind. Dann auf ein Kuchengitter legen und komplett abkühlen lassen.

Mini-Victoria-Sponge-Cakes

Victoria Sponge Cake ist die Königin unter den Kuchen. Diesen Traum aus Biskuitboden und Buttercreme habe ich erst in Großbritannien entdeckt und mich sofort in ihn verliebt. Das hier ist eine Mini-Version des Originals und ich habe das Rezept so gestaltet, dass man die Mini-Kuchen superschnell und einfach herstellen kann. Die Zubereitung der Buttercreme dauert weniger als 3 Minuten und der Biskuitboden ist innerhalb von 30 Sekunden fertig. Schneller geht's nicht. **Ergibt 3 Stück. Einfrierbar.**

225 g feinster Zucker
225 g Mehl Type 405
225 g Butter
4 Eier
1 TL Backpulver
½ TL Vanilleextrakt

1 Portion Buttercreme (S. 126)
100 g Erdbeer- oder Himbeermarmelade (s. Rezept auf S. 30 oder verwendet gekaufte Marmelade)
20 g Puderzucker

1. Den Ofen auf 180 °C Ober-/Unterhitze / 160 °C Umluft / Gas Stufe 4 vorheizen.
2. Zwei runde Springformen mit 20 cm Durchmesser mit Backpapier auslegen und beiseitestellen.
3. Für den Biskuitboden Zucker, Mehl, Butter, Eier, Backpulver und Vanilleextrakt in den Mixtopf geben. **30 Sek. / Stufe 5** vermischen.
4. Die Biskuitmasse auf die beiden Backformen aufteilen und jeweils 25–30 Minuten backen, bis sie goldbraun ist. Zum Auskühlen auf ein Kuchengitter stellen.
5. Wenn der Boden ausgekühlt ist, nehmt einen Keksausstecher mit 10 cm Durchmesser oder ein Glas und stecht 6 runde Formen aus. Beiseitestellen.
6. Die Buttercreme auf 3 runde Biskuitböden verteilen, mit etwas Marmelade bestreichen und mit den 3 restlichen runden Biskuitböden belegen. Mit etwas Puderzucker bestreuen und servieren.

Geheimtipp: Wenn ihr die Mini-Kuchen einfrieren möchtet, stellt sie einfach in Klarsichtfolie eingeschlagen in den Gefrierschrank und taut sie bei Bedarf wieder auf. Der Kuchen schmeckt im Sommer auch richtig super als Eiskuchen.

Marmorkuchen mit Streuseln

Immer wenn ich nach meinem Standard-Kuchenrezept gefragt werde, antworte ich: Marmorkuchen mit Streuseln. Das ist eine großartige Variante des klassischen Rezepts. Ich habe Streusel hinzugefügt und der Kuchen wird dadurch unglaublich lecker. So ein wundervoller Kuchen, der perfekt zum Kaffee am Nachmittag passt. **Ergibt 16 Kuchenstücke. Einfrierbar.**

Streusel:

50 g Butter
100 g feinster brauner Zucker
150 g Mehl Type 405
etwas Wasser

Kuchen:

300 g Butter
250 g feinster Zucker
1 TL Vanilleextrakt
1 Prise Salz
5 Eier
370 g Mehl Type 405
1 EL Backpulver
70 g Vollmilch
30 g Kakaopulver
200 g Schoko-Tropfen, zartbitter

1. Den Ofen auf 180 °C Ober-/Unterhitze / 160 °C Umluft / Gas Stufe 4 vorheizen.
2. Eine runde Springform mit 24 cm Durchmesser mit Backpapier auslegen.
3. Für die Streusel Butter, Zucker und Mehl in den Mixtopf geben. **20 Sek. / Stufe 6** vermischen. Währenddessen langsam ein wenig Wasser hinzugeben, bis feine Streusel entstehen. Die Mischung wird etwas trocken sein, aber keine Sorge, das ist so richtig. In eine Schüssel füllen und beiseitestellen.
4. Für den Kuchen die Butter in den Mixtopf geben. **40 Sek. / Stufe 5** schlagen. Zucker, Vanilleextrakt, Salz, Eier, Mehl, Backpulver und 40 g Vollmilch hinzufügen und **40 Sek. / Stufe 5** vermischen. Dabei parallel mit dem eingesetzten Spatel rühren, sodass sich der Teig besser verbindet.
5. Die Hälfte des Kuchenteigs in die vorbereitete Springform geben und gleichmäßig verteilen. Den Rest im Mixtopf lassen.
6. Kakaopulver und restliche 30 g Vollmilch hinzufügen und **5 Sek. / Stufe 5** vermischen. Alles mit dem Spatel nach unten schieben und erneut **5 Sek. / Stufe 5** vermischen. Über den Vanilleteig in die Form geben und den Schokoladenteig mit einer Gabel in kreisenden Bewegungen untermischen. Nicht zu viel rühren, damit ein schöner Marmoreffekt entsteht.
7. Die Streuselmischung über den Kuchenteig streuen. Danach die Schoko-Tropfen darüber verteilen und den Kuchen 55–60 Minuten backen.
8. Aus dem Backofen holen und auf einem Küchengitter auskühlen lassen.

Gin-Tonic-Kuchen

Dieser Gin-Tonic-Kuchen ist eine Mischung aus Zitronenkuchen und einem guten Glas Gin Tonic. Mein Freund Jesse ist total verrückt nach Gin und da ich nicht so ein großer Fan davon bin, habe ich Gin mal als Zutat im Kuchen ausprobiert – und das Ergebnis ist absolut fantastisch. Das nächste Mal trinke ich dazu vielleicht sogar einen richtigen Gin Tonic. **Ergibt 12 Kuchenstücke. Einfrierbar.**

200 g Butter
200 g feinster Zucker
4 Eier
75 g griechischer Joghurt
275 g Mehl Type 405
30 g Gin
Saft und Schale von 2 Zitronen
1 TL Vanilleextrakt
1 EL Backpulver

Saft von 5 Zitronen
2 Zitronen, in Scheiben geschnitten
130 g feinster, brauner Zucker
10 Wacholderbeeren
50 g Tonicwater
20 g Gin

1. Den Ofen auf 180 °C Ober-/Unterhitze / 160 °C Umluft / Gas Stufe 4 vorheizen.
2. Butter, Zucker, Eier, Joghurt, Mehl, Gin, Zitronensaft und -schale, Vanilleextrakt und Backpulver in den Mixtopf geben. **30 Sek. / Stufe 5** vermischen.
3. In eine mit Backpapier ausgelegte Kastenform mit einer Länge von ca. 25 cm füllen. Im Backofen 45–55 Minuten backen, bis der Kuchen goldbraun ist und bei der Probe an eurem Stäbchen keine Teigreste mehr kleben bleiben.
4. In der Zwischenzeit für den Sirup Zitronensaft, Zitronenscheiben, Zucker, Wacholderbeeren und Tonicwater in eine große, antihaftbeschichtete Pfanne geben. Erhitzen, bis der Sirup anfängt zu blubbern. 5 Minuten köcheln lassen, dann die Temperatur herunterstellen und den Gin einrühren.
5. Mit einem Holzstäbchen ein paar Löcher in den noch warmen Kuchen stechen. Den Kuchen mit dem Sirup beträufeln und mit den Wacholderbeeren und Zitronenscheiben garnieren.

Johannisbeerkuchen

Fast noch besser als Apfelkuchen ist mein Lieblingskuchen mit Johannisbeeren. Er hält sich sehr gut im Kühlschrank und schmeckt wunderbar frisch. Er ist der perfekte Kuchen für die ganze Familie und wenn ihr möchtet, könnt ihr ihn mit frischem Vanilleeis servieren.
Ergibt 16 Kuchenstücke. Einfrierbar.

200 g Mehl Type 405
1 EL Backpulver
100 g Butter
75 g feinster Zucker
1 Ei

400 g Johannisbeeren
1 EL + 40 g Maismehl

3 Eier, getrennt
50 g feinster Zucker
200 g Crème double
½ TL Vanilleextrakt

1 TL Maisstärke
150 g Puderzucker

1. Mehl, Backpulver, Butter, Zucker und Ei in den Mixtopf geben. **20 Sek. / Stufe 6** vermischen. Den Teig herausnehmen und in Frischhaltefolie einwickeln. 30 Minuten in den Kühlschrank stellen.
2. Den Ofen auf 180 °C Ober-/Unterhitze / 160 °C Umluft / Gas Stufe 4 vorheizen.
3. Den Mixtopf reinigen.
4. Die Johannisbeeren mit 1 EL Maismehl in einem Schälchen vermischen und beiseitestellen.
5. Den Teig aus dem Kühlschrank holen, aus der Frischhaltefolie wickeln und zu einem dicken Kreis ausrollen, der in eine runde Kuchenform mit Hebeboden und einem Durchmesser von 24 cm passt. Achtet darauf, auch die Seiten der Form mit Teig zu bedecken und stecht den Teig mit einer Gabel ein. Die Johannisbeeren über den Kuchenboden geben.
6. Für die Füllung die Eier trennen. Die Eiweiße beiseitestellen und die Eigelbe in den Mixtopf geben. Zucker, Crème double, 40 g Maismehl und Vanilleextrakt hinzugeben und **10 Sek. / Stufe 5** mixen. Die Mischung über die Johannisbeeren geben und 30–35 Minuten backen.
7. Den Mixtopf reinigen.
8. Dann den Rühraufsatz in den Mixtopf einsetzen. Die Eiweiße hineingeben und **3 Min. / Stufe 3,5** schlagen. Nach einer Minute während des Mixvorgangs die Maisstärke durch die Öffnung im Mixtopfdeckel dazugeben. Nach weiteren 20 Sekunden langsam teelöffelweise den Puderzucker durch die Öffnung hinzufügen. Zwischen jedem Teelöffel 5–10 Sekunden warten. In den letzten 20 Sekunden auf **Stufe 4** schalten.
9. Den Kuchen aus dem Backofen holen, die Baisermasse darübergeben und noch einmal 12–15 Minuten backen.
10. Aus dem Ofen holen und vor dem Servieren auf einem Kuchengitter abkühlen lassen.

LF V FRZ GF E

Orangen-Polenta-Kuchen

Glutenfrei zu leben bedeutet, dass man häufig auf viele Dinge verzichten muss, die andere Leute backen. Dieser superleckere Orangen-Polenta-Kuchen ist die ideale Alternative für Menschen, die an Zöliakie leiden, aber auch für Veganer. Er ist so köstlich – und die Cashewcreme passt einfach perfekt dazu. **Ergibt 16 Kuchenstücke. Einfrierbar.**

200 g Cashewkerne
350 g Wasser
110 g Agavendicksaft
Saft und Schale von ½ Orange
½ TL Orangenextrakt
5 g Kokosöl
120 g Polenta

80 g gemahlene Mandeln
100 g Kichererbsenmehl
1 EL Backpulver
Saft und Schale von 2 Orangen
100 g Olivenöl
100 g Agavendicksaft
½ TL Orangenextrakt
100 g Soja-Joghurt

100 g gehackte Pistazien

1. Die Cashewkerne 4 Stunden in 300 g Wasser einweichen. Abtropfen lassen und in den Mixtopf geben.
2. Agavendicksaft, Orangensaft und -schale, Orangenextrakt, Kokosöl und 50 g Wasser hinzugeben und **1 Min. / Stufe 10** mixen. In einen kleinen Behälter füllen und in den Kühlschrank stellen.
3. Den Ofen auf 180 °C Ober-/Unterhitze / 160 °C Umluft / Gas Stufe 4 vorheizen. Eine runde Springform mit 18 cm Durchmesser mit Backpapier auslegen.
4. Polenta, gemahlene Mandeln, Kichererbsenmehl, Backpulver und Orangenschale in den Mixtopf geben. **10 Sek. / Stufe 10** mixen. Orangensaft, Olivenöl, Agavendicksaft, Orangenextrakt und Soja-Joghurt hinzugeben und **30 Sek. / Stufe 4** vermischen.
5. Die Masse in die vorbereitete Form geben und 30–35 Minuten backen, bis der Kuchen goldbraun ist und bei der Probe an einem Stäbchen keine Teigreste mehr kleben bleiben.
6. Zum Auskühlen auf ein Kuchengitter stellen. Dann mit der Cashewcreme bestreichen und mit ein paar gehackten Pistazien bestreuen.

Apfel-Brombeer-Kuchen

Als ich klein war, hatten wir zu Hause einen Apfelbaum. Während der Apfelsaison sind wir immer rausgegangen, haben Äpfel vom Baum gepflückt und daraus die leckersten Apfelkuchen gebacken. Zur gleichen Zeit waren auch die Brombeeren reif und in einem Jahr haben wir uns dieses superleckere Apfel-Brombeer-Kuchen-Rezept ausgedacht. **Ergibt 24 Kuchenstücke. Einfrierbar.**

250 g Butter
250 g feinster Zucker
250 g Mehl Type 405
1 TL Vanilleextrakt
1 EL Backpulver
4 Eier
½ TL Zimt, gemahlen
3 Äpfel (Braeburn)
200 g Brombeeren

1. Den Ofen auf 180 °C Ober-/Unterhitze / 160 °C Umluft / Gas Stufe 4 vorheizen.
2. Butter, Zucker, Mehl, Vanilleextrakt, Backpulver, Eier und Zimt in den Mixtopf geben. **40 Sek. / Stufe 5** vermengen.
3. Die Äpfel entkernen und in 1 cm dicke Ringe schneiden.
4. Die Hälfte des Teigs in eine quadratische, mit Backpapier ausgelegte Backform (20 x 20 cm) geben und glatt streichen. Die Hälfte der Apfelringe auf dem Teig verteilen, dann die andere Hälfte des Teigs darübergeben und mit den restlichen Apfelringen bedecken. Mit den Brombeeren bestreuen.
5. Im Backofen 30–40 Minuten backen, bis der Kuchen goldbraun und fluffig ist. Aus dem Ofen holen und auf einem Kuchengitter auskühlen lassen.

Schoko-Himbeer-Torte

Ich muss gestehen, dass ich eine Schwäche für Schokolade und auch für Himbeeren habe. Eigentlich für alles, was pink ist. Diese superleckere Schoko-Himbeer-Torte ist das perfekte Dessert. Sie hält sich im Kühlschrank bis zu 3 Tage. **Ergibt 16 Tortenstücke. Einfrierbar.**

150 g Mehl Type 405
3 Eigelbe
50 g feinster Zucker
1 Prise Salz
75 g Butter
½ TL Vanilleextrakt

300 g Zartbitterschokolade
300 g Crème double
200 g frische Himbeeren

1. Den Ofen auf 180 °C Ober-/Unterhitze / 160 °C Umluft / Gas Stufe 4 vorheizen.
2. Mehl, Eigelbe, Zucker, Salz, Butter und Vanilleextrakt in den Mixtopf geben. **20 Sek. / Stufe 6** vermischen. Den Teig in Frischhaltefolie wickeln und für 30 Minuten in den Kühlschrank stellen.
3. Den Teig aus der Frischhaltefolie wickeln und auf eine bemehlte Fläche legen. So ausrollen, dass er in eine Tortenform mit einem Durchmesser von 22 cm passt. Den Teig in die Tortenform füllen, mit einer Gabel einstechen und ein Stück Backpapier darüberlegen. Backbohnen darüber verteilen und 15 Minuten blindbacken.
4. Die Backbohnen und das Backpapier entfernen und weitere 6–8 Minuten bei 160 °C Ober-/Unterhitze / 140 °C Umluft / Gas Stufe 3 backen, bis der Boden gut durchgebacken ist.
5. Boden aus dem Ofen nehmen und auf einem Kuchengitter auskühlen lassen.
6. Für die Ganache Zartbitterschokolade in den Mixtopf geben. **7 Sek. / Stufe 9** zerkleinern. Mit dem Spatel alles nach unten schieben. Die Crème double hinzufügen und **4 Min. / 37 °C / Stufe 3** schmelzen.
7. Die Himbeeren auf dem Tortenboden verteilen und die Ganache darübergießen. Vor dem Servieren mindestens 2 Stunden aushärten lassen.

Aprikosen-Karamell-Pavlova

Sobald ihr die Kunst der Baiser-Zubereitung im Thermomix® beherrscht, wollt ihr nie wieder etwas anderes machen. Aprikosen-Karamell-Pavlova ist ein großartiges Dessert für die ganze Familie. Dieses Baiser besteht aus Nüssen – und die gesalzene Karamellsoße passt hervorragend zu vielen Desserts. **Reicht für 6–8 Personen.**

500 g Aprikosen, entsteint und halbiert
3 Ingwerstücke in Sirup, in feinen Scheiben + 2 EL Sirup
20 g feinster brauner Zucker
100 g Haselnüsse
250 g feinster Zucker
6 Eiweiß
2 TL Maismehl
2 TL Weißweinessig
500 g griechischer Joghurt

1. Den Ofen auf 220 °C Ober-/Unterhitze / 200 °C Umluft / Gas Stufe 7 vorheizen.
2. Die Aprikosenhälften auf ein großes, mit Backpapier ausgelegtes Backblech legen. Ingwerstücke, Sirup und Zucker darüber verteilen und 15 Minuten backen.
3. Die Haselnüsse in einen Bräter legen und 5–7 Minuten rösten. In den Mixtopf geben und **2 Sek. / Stufe 5** zerkleinern. In ein Schälchen füllen und auskühlen lassen.
4. Die Temperatur im Backofen auf 180 °C reduzieren.
5. Ein Schälchen auf den Mixtopfdeckel stellen. Den Zucker abwiegen und beiseitestellen.
6. Den Mixtopf gründlich reinigen. Den Rühraufsatz einsetzen. 3 Eiweiß in den Mixtopf geben. **3 Min. / Stufe 3,5** schlagen. Nach 1 Minute während des Mixvorgangs 1 TL Maismehl und 1 TL Weißweinessig durch die Öffnung im Mixtopfdeckel geben. Nach weiteren 20 Sekunden langsam teelöffelweise 125 g Zuckers hinzugeben. Zwischen jedem Teelöffel mindestens 5 Sekunden warten. In den letzten 20 Sekunden auf **Stufe 4** schalten. Die Mischung in eine große Schüssel füllen und beiseitestellen.
7. Den Mixtopf gründlich reinigen und Schritt 6 mit der anderen Hälfte der Eiweiße, Maismehl, Weißweinessig und Zucker wiederholen. Die Mischung in die Schüssel mit der ersten Baiser-Mischung füllen, die Haselnüsse hinzufügen und vorsichtig mit dem Spatel unterrühren. Die Mischung auf ein großes, mit Backpapier ausgelegtes Backblech geben.
8. Die Mitte abflachen und die Ränder etwas höher lassen. 45 Minuten backen, bis der Teig goldbraun ist. Auskühlen lassen, dann den griechischen Joghurt darauf verteilen und mit den Aprikosen garnieren. Etwas gesalzene Karamellsoße darübergeben und servieren.

Karamellsoße:

120 g Butter
200 g brauner Zucker
80 g Crème double
½ TL grobes Meersalz

Butter mit Zucker, Crème double und Meersalz in den Mixtopf geben. **10,5 Min. / Varoma / Stufe 3 / ohne Messbecher** kochen. In ein ausgekochtes Glas füllen und im Kühlschrank bis zu 1 Monat aufbewahren. Vor dem Servieren könnt ihr die Soße im Mixtopf **2 Min. / 50 °C / Stufe 2** erwärmen.

In diesem Kapitel lernt ihr die besten Tricks für die Reinigung eures Thermomix®. Ich verrate euch, wie ihr Schokoladenreste aus dem Mixtopf entfernt, und gebe euch viele weitere nützliche Tipps.

Reinigung

Geheimtipps

....

Wohlverdienter Drink

Geheimtipps

1 Die Selbstreinigungsfunktion des Thermomix® ist eine der wichtigsten Eigenschaften, die ihr euch auf jeden Fall merken solltet. Immer wenn ihr etwas in eurem Mixtopf zubereitet habt, gebt danach einen kleinen Tropfen Geschirrspülmittel hinein und füllt den Mixtopf mit 1 l Wasser. **2 x / Turbo-Modus** einschalten und ausspülen. Wenn der Mixtopf sehr dreckig ist, reinigt ihn statt im Turbo-Modus **60 Sek. / 60 °C / Stufe 6**. Nach dem Ausspülen könnt ihr ihn wieder verwenden.

2 Verwendet die Reinigungsbürsten für den Thermomix®. Diese können bequem online bestellt werden. Wenn ihr den Mixtopf reinigt, entfernt alle Einzelteile und reinigt das Mixmesser mit einer kleinen Messerbürste und den Mixtopf mit der großen, bunten „Toilettenbürste". Damit kommt ihr auch in die letzte Ecke und reinigt den Mixtopf richtig gründlich. Ich benutze die große Bürste auch für mein Geschirr und es funktioniert damit einfach super. Die Bürsten könnt ihr zum Auffrischen im Geschirrspüler reinigen.

3 Wenn euer Mixtopf noch etwas nach dem letzten Essen riecht, das ihr darin zubereitet habt, und ihr euch einen Drink oder etwas Süßes machen wollt, nehmt einfach ein paar ganze Kaffeebohnen und mahlt sie **20 Sek. / Stufe 10.** Kaffee ist dafür bekannt, Gerüche zu neutralisieren, und wird dafür sorgen, dass euer Mixtopf gleich viel besser riecht. Danach mit etwas Geschirrspülmittel ausspülen.

4 Ein anderer großartiger Trick, um Gerüche aus eurem Mixtopfdeckel zu entfernen – wenn ihr keine Kaffeebohnen dahabt–, ist, in einem Schälchen eine dicke Paste aus Natron und Wasser anzurühren. Diese auf den Innenteil des Deckels geben und 15 Minuten einwirken lassen. Danach gründlich mit Geschirrspülmittel abspülen. Um den gleichen Trick im Mixtopf anzuwenden, 2 TL Natron und den Saft von 1 Zitrone in den Mixtopf geben. **15 Min. / Varoma / Stufe 3** erwärmen und danach mit Geschirrspülmittel ausspülen.

5 Wenn ihr im Thermomix® viele Zwiebeln angebraten oder Soßen zubereitet habt, können sich im Mixtopfboden manchmal Reste einbrennen. Um diese Reste zu entfernen, könnt ihr entweder Stahlwolle verwenden oder einfach 1 halbierte Zitrone in den Mixtopf legen. **5 Sek. / Stufe 10** mixen, dann nach unten schieben und 350 g Wasser hinzufügen. **10 Min. / Varoma / Stufe 3** kochen. Den Mixtopf ausspülen. Die eingebrannten Reste sollten sich nun leicht mit der großen Thermomix®-Reinigungsbürste entfernen lassen.

6 Manchmal muss euer Thermomix® einfach mal wieder gründlich gereinigt werden. Dafür 750 g Wasser, 250 g Essig (ich verwende Weißweinessig, aber auch jeder andere helle Essig ist geeignet) und 2 EL Natron in den Mixtopf geben und **15 Min. / Varoma / Stufe 3** erwärmen. Mit Geschirrspülmittel ausspülen und voilà, euer Mixtopf strahlt wieder!

7 Wenn sich euer Mixtopf lila verfärbt hat, nachdem ihr ein Curry gemacht oder ein paar Zwiebeln angebraten habt, liegt das normalerweise an Ölresten. Für die Reinigung könnt ihr einen einfachen Trick mit Zitrone anwenden. Dafür den Saft von 1 Zitrone, 350 g Wasser und 1 TL Natron in den Mixtopf geben. **10 Min. / Varoma / Stufe 3** reinigen. Dann mit Geschirrspülmittel ausspülen und 20 Minuten zum Trocknen in die Sonne stellen.

8 Wenn sich der Mixtopfdeckel nach dem Kochen mit Kurkuma verfärbt hat, könnt ihr euch das Sonnenlicht zunutze machen. Den Deckel einfach mit einer halben Zitrone einreiben und für mindestens 1 Stunde in der Sonne liegen lassen. Ihr könnt den Deckel dafür einfach auf ein sonniges Fensterbrett legen. Danach mit Geschirrspülmittel abspülen und der Deckel sollte wieder sauber sein. Der Zitronensaft wirkt fast wie ein veganes Bleichmittel für hartnäckige Verfärbungen.

9 Wenn unter eurem Mixmesser noch Teigreste sind, könnt ihr einfach ein paar Eierschalen, 200 g Wasser und ein paar Spritzer Geschirrspülmittel in den Mixtopf geben. **3–4 x / Turbo-Modus** einschalten. Damit werden selbst die hartnäckigsten Teigreste entfernt. Danach mit Geschirrspülmittel ausspülen.

10 Einer meiner Lieblingstricks ist der Geschirrtuch-Trick. Um euren Mixtopf zu trocknen, einfach ein Geschirrtuch in den Mixtopf stecken und **15 Sek. / Linkslauf / Stufe 2** mixen.

LF V FRZ GF E

Pfirsich-Weißwein-Slushie

Puh, das waren eine Menge Rezepte, Tipps und Tricks. Ich bin mir sicher, dass ihr schon Experten im Umgang mit dem Thermomix® geworden seid. Nach all dem Üben habt ihr euch jetzt aber erst mal einen Drink verdient. Macht euch diesen wunderbaren Pfirsich-Weißwein-Slushie und genießt eure wohlverdiente Auszeit. **Ergibt 2 Gläser. Einfrierbar.**

3 reife Pfirsiche, halbiert und entsteint
300 g Weißwein
4–5 Eiswürfel

Pfirsiche, Weißwein und Eiswürfel in den Mixtopf geben. **1 Min. / Stufe 10** mixen. Sofort servieren und genießen.

Register

L

M

N

O

P

U

V

W

X

Z

Danksagung

Zuallererst möchte ich Jesse, dem absolut besten Partner, dafür danken, dass er mich dazu ermutigt hat, den Schritt in die unbekannte Welt der Freiberuflichkeit zu wagen, und mich auf dem Weg dahin so wunderbar unterstützt hat. Ohne dich und deine unzähligen Nachtschichten wäre ich heute nicht da, wo ich jetzt bin. Vom ersten Tag an hast du an meine Arbeit und an das, was ich tue, geglaubt und mir in Momenten des Zweifels Kraft gegeben. Du bist mein Fels in der Brandung und ich kann es kaum erwarten, noch viele weitere Buchabenteuer mit dir zu erleben.

Natürlich möchte ich meine tiefste Dankbarkeit gegenüber meinen Eltern, Manfred und Inge, oder wie ich sie nenne, Mämmchen und Päppchen, zum Ausdruck bringen. Durch sie habe ich viel über betriebswirtschaftliche Grundlagen gelernt. Ich habe so ein Glück, von zwei so erfahrenen Unternehmern lernen zu können, und ohne euer Wissen über Zahlen, Lieferanten und die vielen anderen Unternehmerweisheiten hätte ich es vermutlich nicht bis hierher geschafft. Meine wundervolle Mutter, die mich glücklicherweise während der stressigsten Zeit des Schreibens dieses Buches besucht hat, hat mir dabei geholfen, sauber zu machen, die Gerichte zuzubereiten, Fotos aufzunehmen, Ausrüstung in allen Winkeln und Positionen zu halten, und war an schwierigen Tagen einfach da, um mich zu unterstützen. Und mein wundervoller Vater hat mir immer ein paar extra Backtipps gegeben, wenn bei mir alles in einem Desaster endete. Er ist mein absoluter Lieblingsbäcker.

Ich möchte auch Felicity Knight danken, die den sehr wichtigen Job wahrgenommen hat, meine ganze Arbeit Korrektur zu lesen. Du hast dafür gesorgt, dass all meine Striche die richtige Länge haben und alle Sätze tatsächlich Sinn ergeben haben. Du hast so ein unglaubliches Auge fürs Detail und ich bin sehr froh, eine so sorgfältige Person gefunden zu haben, die das Buch zu einem großen Erfolg machte.

Ein großes Dankeschön an all meine Freunde, die sich dankenswerterweise mein Buch angesehen und so sichergestellt haben, dass es keine komischen Sätze enthält. Danke Chris, Ben und Gill.